AF453871

SOUVENIRS

DE CHARITÉ

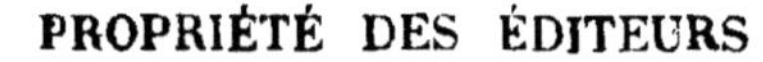

SOUVENIRS

DE CHARITÉ

PAR

LE COMTE DE FALLOUX

DE L'ACADÉMIE FRANÇAISE

NOUVELLE ÉDITION

TOURS

A^d MAME ET Cie, IMPRIMEURS-LIBRAIRES

1861

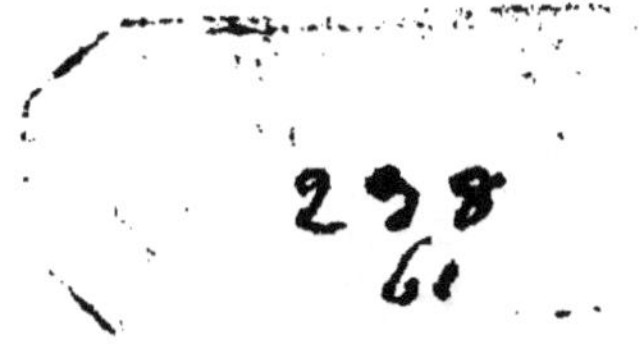

AVIS

DES ÉDITEURS

Les biographies dont se compose ce volume ont été imprimées il y a une dizaine d'années. Inspirées par la charité, adressées aux hommes de bonnes œuvres, aux ouvriers et aux pauvres, elles reçurent à cette époque une publicité incomplète ; aujourd'hui on chercherait vainement à se les procurer. Pour répondre à des vœux dont plusieurs propagateurs de bons livres se sont faits les pressants organes, nous avons sollicité et obtenu de leur éminent auteur l'autorisation de les réimprimer. Grâce à cette nouvelle édition, les bibliothèques populaires auront un excellent livre de plus à répandre, et les chrétiens désireux de connaître et d'imiter la vie de leurs ancêtres dans la foi trouveront dans ce petit volume, sous une forme aimable et attrayante, les exemples les plus propres à soutenir leur zèle et à éclairer leur charité.

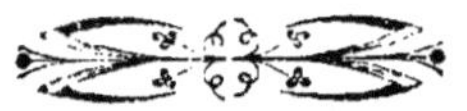

DE
L'EXCELLENCE DE LA CHARITÉ

PRATIQUÉE EN COMMUN

—

D'autres voix que la mienne, et plus compétentes, ont déjà répondu aux différents systèmes qui n'envisagent l'humanité que dans son ensemble, et marchent à la réalisation de vœux impossibles en fermant les yeux sur les misères qui nous enveloppent. Élevons-nous de la théorie à la pratique, répète, au contraire, la charité à la philanthropie, et ne négligeons pas le pauvre qui supplie, en attendant que nous ayons découvert le secret de détruire la pauvreté.

Mais il est un autre ordre d'adversaires beaucoup moins ambitieux et auxquels pourtant il n'importe pas moins de répondre. Ce sont les hommes qui ne croient qu'à la charité individuelle, et repoussent ou redoutent les idées de charité collective. Ceux-là sont charitables et n'ajournent pas l'effet de leur charité ; mais quand on vient les solliciter au nom d'une œuvre, ils répondent : « Je ne mets pas en doute le zèle des hommes dont vous me présentez la requête, mais je vous demande la permission de m'en rapporter à mes propres lumières pour l'application de mes aumônes : j'ai mes pauvres ; c'est à eux que je dois ma première sollicitude. »

Oui, vous connaissez, en effet, des infortunes particulières, vous êtes compatissant et généreux à leur égard ; oui, vous séchez des larmes en secret, vous n'avez point recherché le vain plaisir de l'ostentation, et vous n'en goûtez point à voir votre nom figurer dans un journal. Tout cela est vrai, tout cela est beau; mais cela est-il suffisant? En ne vous dépouillant pas davantage, ne pourriez-vous pas faire plus? et ce surcroît d'action efficace, pouvez-vous l'attendre sans l'intermédiaire des œuvres ?

En vous réduisant ainsi à vos pauvres ressources, en vous isolant, en refusant cette force propre de l'association que chaque spéculation réclame aujourd'hui, vous secourez bien un infortuné, mais vous ne secourez pas l'infortune. Vous assainirez une âme corrompue, mais vous ne combattrez pas la corruption. Vous êtes présomptueux, si vous croyez pouvoir lutter seul contre les influences de ruine et de dégradation qui enveloppent de toutes parts les classes indigentes ; vous êtes faible, si vous renoncez absolument à toute lutte; vous êtes moins charitable que vous ne le croyez, si, après avoir ramassé un naufragé sur la rive, vous regardez paisiblement couler le torrent sans vouloir travailler à la digue.

Je vais plus loin, et j'affirme que vous ne faites pas même pour vos pauvres ce que les œuvres vous enseigneraient à faire pour les pauvres de tout le monde. — Parlons des enfants; il y en a dans les familles que vous avez adoptées, et je suis sûr qu'ils obtiennent une large part dans votre sollicitude. — On vous demande de payer l'apprentissage de ce charmant petit garçon; vous souriez à l'intelligence de ce jeune regard, vous envisagez d'un seul trait son développement, son succès, les bénédictions que vous pouvez recevoir et mériter en prononçant un mot; vous êtes attendri, et ce consentement, imploré à mains jointes par quelque vieille mère ou des parents malades, vous ne le refusez pas. Désormais ce jeune enfant est *vôtre;* tous les mois il viendra vous rendre compte de sa conduite, et vous lui remettrez quinze à vingt francs qu'il reportera gaiement à son maître. Vous avez été fort généreux (et de la meilleure foi du monde, je ne le conteste jamais à ceux qui refusent), mais vous avez été fort imprudent ; et ce qui m'étonne, c'est votre surprise en m'entendant vous adresser cette apostrophe : Vous donnez vingt francs par mois ; mais savez-vous à qui vous les donnez? Vous connaissez le maître de l'atelier peut-être, et tout au plus ; mais connaissez-vous les contre-maîtres, les apprentis, les voisins qui travaillent dans la même cour? La probité d'un maître d'atelier ne suffit pas ; vous êtes-vous assuré de son intelligence à déjouer les mille ruses que les camarades s'enseignent entre eux, et qui tournent promptement aux plus funestes tromperies? Eh bien! une œuvre qui, pour une somme moins élevée, se serait chargée de votre protégé, aurait su tout cela le plus naturellement du monde ; elle l'aurait placé chez ces honnêtes, je dirai même chez ces admirables ouvriers, plus nombreux encore qu'on ne pense, dont elle connaît toutes les habitudes et dont elle surveille tous les engagements.

Vous n'avez pas songé à la différence qui existe entre les différents maîtres de tel ou tel atelier, sous le rapport des garanties morales, qui, ne l'oublions pas, représentent les mêmes garanties sous le rapport du développement physique; mais avez-vous songé du moins à la différence des états entre eux, sous le même point de vue? Savez-vous, par exemple, que les œuvres constatent une énorme différence entre les états assis, tels que les états de tailleur ou de cordonnier, et les états actifs, tels que ceux d'ébéniste ou de serrurier : les uns torturant les membres, gênant la croissance, nourrissant le bavardage et tous les inconvénients qui en découlent; les autres entretenant le corps dans une sorte de gymnastique continuelle, et détournant par la fatigue les mauvais penchants dont il importe le plus de préserver la jeunesse? Eh bien! ces notions, qui se présentent ici pour la première fois à l'esprit de quelques-uns, sont élémentaires dans le rudiment des œuvres, et pas un enfant ne sera livré par elles au hasard, qui a dû prendre en même temps que vous sous sa protection le jeune enfant vis-à-vis duquel vous croyez avoir rempli tout à l'heure des devoirs presque paternels. Notez enfin que si je visais au tableau, au lieu de présenter quelques idées sommaires, je devrais vous montrer à dix ans de là le bienfaiteur, trompé dans son attente, regretter son bienfait au lieu de condamner son propre tort.

Voilà pour ce qui concerne le pauvre, et l'on conviendra que ce discernement, fruit de l'expérience et de l'étude, peut bien compter dans la balance; mais le pauvre ne trouve pas seul son bénéfice dans la fondation et les progrès des œuvres.

L'homme qui a ses pauvres et l'homme qui reçoit dans une œuvre la charge de tous les pauvres indistinctement, remplissent-ils les mêmes devoirs envers la société et envers Dieu? Je prends ici, sans hésiter, mon contradicteur pour juge.

Qu'est-ce qu'entrer dans une œuvre? C'est se réunir à jour fixe, affaire ou plaisir cessant, réciter une courte prière en commun, écouter ceux qui parlent des maux que vous ignorez, révéler ceux qui vous sont connus, rechercher le remède applicable au plus grand nombre des blessures, descendre chaque jour plus avant, par cette sérieuse discussion, dans le cœur de ceux qui souffrent et dans votre propre cœur à vous-même, prendre des résolutions réfléchies, les accomplir avec le zèle de l'émulation, et, l'on n'en doit pas rougir, avec une sorte de point d'honneur qui se mêle à toute œuvre commune, rendre compte à ses émules des résultats obtenus ; puis, après avoir constaté de semaine en semaine ou de mois en mois le progrès de la charité pratique, considérer d'année en année le progrès de la pensée même de la charité, et s'émerveiller, en s'y animant chaque année davantage, des découvertes de cet éternel noviciat.

L'homme livré à lui-même, l'esprit le mieux né, parcourra-t-il à lui seul, sans secours, sans aiguillon, ce nouveau chemin de la croix ?

Et vis-à-vis de la société, l'homme seul accomplit-il sa mission ?

L'homme qui se présente dans la mansarde du pauvre au nom d'une œuvre y porte, non-seulement le pain et la consolation, mais une impression de réhabilitation, et, si je l'osais dire, d'orgueil dont le pauvre a besoin pour ne pas maudire sa condition et toutes celles qui l'écrasent. L'homme seul va dire au pauvre : Tu m'as fait pitié ; l'homme qui représente une certaine agrégation de ses semblables, fait pénétrer un autre langage dans l'oreille du pauvre, il lui dit : La société que tu maudissais, et à l'instant où tu la maudissais, s'occupait de toi ; plusieurs hommes séparés dans le monde se réunissent, sans autre but que de s'entretenir de toi et de venir à ton aide. Quand l'homme seul a quitté le pauvre, il lui laisse un sentiment affectueux, mais isolé aussi ; quand l'homme d'une œuvre a refermé la porte d'une mansarde, il y a déposé des sentiments multiples ; il a bouleversé toutes les idées que le pauvre, dans son désespoir, se formait sur sa propre situation et sur les relations de la société avec lui ; le pauvre secouru par l'homme seul ne perdra pas la pensée de la vengeance contre l'ordre social tout entier, et, s'il rencontre son bienfaiteur un jour d'émeute, il se contentera de lui sauver la vie ou de détourner le pillage de sa maison ; mais l'homme qui est secouru par une société fera monter sa reconnaissance plus loin, et si la statistique des émeutiers se pouvait faire, je maintiens qu'on y trouverait dans une proportion toujours décroissante les hommes inscrits sur les registres de la charité collective. Le sentiment de la reconnaissance et la logique ne conduisent pas d'ailleurs tout seuls à ce résultat, le sentiment religieux y entre aussi pour une part que je n'ai nullement l'intention d'affaiblir.

Quand le membre d'une œuvre entre chez le pauvre, il y introduit nécessairement un tiers qui n'existe pas entre lui et tout autre visiteur ; c'est le saint sous le patronage duquel l'œuvre est placée. Cette porte, on se la fait ouvrir au nom de saint Vincent de Paul, de saint François Régis, de saint François Xavier. Qu'est-ce que c'est qu'un saint? qu'est-ce que c'est que la religion qui fait les saints? qu'est-ce que c'est que le Dieu qui a révélé au monde une telle religion? Pouvez-vous empêcher le pauvre de se demander cela, quand vous vous présentez sous de tels auspices? Pouvez-vous faire qu'il se le demande, quand vous ne vous présentez qu'en vertu de votre propre mouvement et d'une passagère émotion? L'homme du monde le plus éloquent pourra prodiguer ses paroles au pauvre, il ne trouvera jamais rien de si persuasif que l'homme ignorant ou la femme timide, lui démontrant, sans le lui dire, que Dieu est charité, que ses saints ont été surtout charité, et que les disciples qui se placent tout indignes sous leur patronage sont obligés d'acquitter leur première dette à la charité.

L'époque où nous vivons n'admet plus ou n'admet pas encore les grandes institutions religieuses d'autres âges et d'autres pays. Sachons donc, sans vouloir précipiter en rien les décrets de la Providence, combler nous mêmes cette immense lacune pour l'honneur de notre nature et pour le soulagement de l'humanité. Élevons en même temps le niveau matériel et le niveau moral du pauvre, sans laisser croire au riche qu'il est suffisamment charitable quand il est simplement généreux et compatissant. Noblesse oblige, richesse oblige, aumône oblige; tout nous oblige en ce monde, puisque nous avons tout reçu.

Janvier 1842.

VIE

DE

SAINT JEAN DE DIEU

Dédiée à ses enfants et disciples les Frères de la Charité

Lorsque l'Église nous donne pour modèle la vie de Notre-Seigneur sur la terre, et ses divins exemples en même temps que ses divins enseignements, beaucoup ne répondent-ils pas : Cela est bien beau, cela est le plus parfait des modèles ; mais c'est d'un Dieu, et nous ne sommes que de chétives créatures ? Eh bien ! dans la contemplation des immenses travaux d'un saint, de ses perpétuels sacrifices, de sa constante et volontaire immolation, ce prétexte manque à notre mollesse, ce subterfuge échappe à notre esprit de contestation et de subtilité envers Dieu ou envers nous-mêmes. Les saints ont été des hommes comme nous, ayant les mêmes organes, affligés des mêmes passions, assaillis des mêmes combats; seulement ils ont été héroïques dans la lutte, et ils ont triomphé. Cette idée de labeur récompensé par une couronne éternelle entre tellement parmi celles que l'Église s'efforce de rendre populaires, que le nom général des apôtres, des missionnaires, de tous les illustres serviteurs de l'humanité, se résume, dans le style religieux, sous le nom d'*ouvriers évangéliques;* des ouvriers, c'est-à-dire des hommes qui ont reçu leur journée à remplir selon les vœux du Maître universel. C'est avec cette pensée qu'on doit lire la vie des saints.

Jean Ciudad naquit en Portugal, le 8 mars 1495, de parents extrêmement pauvres, mais tendres et pieux. Leurs vertus formaient le seul bien qu'il leur fût permis de partager avec leur fils ; aussi se hâtèrent-ils de l'appeler à cette sainte communauté. Cet enfant avait le désir de la perfection si prématurément gravé dans le cœur, qu'ayant rencontré un bon prêtre qui se rendait à Madrid pour son avancement spirituel, il se résolut à abandonner la maison paternelle, et à le suivre en cette ville lointaine, alors réputée comme le vaste séminaire de toute l'Espagne.

Ce n'était pourtant pas par la voie paisible du monastère et des écoles que Dieu voulait conduire cet enfant de prédilection ; des épreuves plus rudes et des tentations diverses devaient marquer son noviciat. Son guide lui manqua avant le terme du voyage, et le petit Jean Ciudad, demeuré sans protecteur loin de sa patrie, entra au service d'un gentilhomme espagnol dans la ville d'Oropesa. Sa mère était morte peu après son départ. Son père était entré chez les

franciscains. Son maître, nommé Majoral,
le distingua bientôt entre tous les gens de
sa maison, et reconnut en lui des qualités si
rares, qu'après l'avoir élevé jusqu'à l'âge
de vingt ans, il lui voulut donner sa propre
fille en mariage. Le vœu de chasteté parla
plus haut dans ce jeune cœur que les plus
séduisantes perspectives de la fortune et de
la famille ; il refusa les offres généreuses
de Majoral, et, ne pouvant demeurer plus
longtemps dans une situation si délicate, il
s'enrôla sous les ordres du comte d'Oropesa
pour le siége de Fontarabie.

Mais la vie militaire, qui avait d'abord ap-
porté d'innombrables obstacles à ses exer-
cices religieux, finit par introduire peu à peu
la dissipation dans ses habitudes ; l'exemple
d'un bon maître fut remplacé par les perni-
cieux conseils de méchants camarades, et sa
jeunesse, son inexpérience, ne sortirent pas
tóujours saines et sauves de ces piéges mul-
tipliés. Cependant cette âme, née pour la

pureté, ne pouvait demeurer dans la corruption, et un accident providentiel le vint
bientôt rendre à sa véritable destination.
Un jour qu'il avait été chargé, avec un petit
détachement espagnol de battre la campagne qui environnait le camp, et de pro-
téger les convois de fourrage avidement at-
tendus, on lui donna à monter un cheval
qui était lui-même une capture récemment
faite sur l'ennemi. A peine cet animal se
trouva-t-il en liberté dans la plaine, qu'il
prit son élan vers les rangs ennemis, et il y
eût emporté son cavalier, si le jeune soldat,
incapable de maîtriser sa monture, n'eût
préféré se jeter à terre. La chute avait été
violente, et Jean Ciudad demeurait étendu
sans connaissance.

Ses compagnons ne s'étaient pas sentis en
nombre suffisant pour le suivre et le secou-
rir dans une direction si périlleuse, et on
l'eût perdu à jamais, si une jeune femme
revêtue du costume des paysannes du pays

ne se fût présentée tout d'un coup à son aide; elle souleva sa tête, répandit de l'eau fraîche sur ses lèvres, et, après lui avoir fait ouvrir les yeux, lui parla comme un habile médecin du corps et de l'âme, lui enseigna quel baume efficace guérirait promptement ses blessures, et quelles actions de grâces il devait rendre à la divine miséricorde, lui reprocha les écarts de sa conduite, son infidélité envers Dieu, puis disparut en indiquant du doigt le sentier qui devait le ramener sous la tente. Jean Ciudad ne douta jamais qu'il ne dût la vie à l'intervention de la sainte Vierge en personne, et forma dès lors la résolution de consacrer à Dieu sans partage le reste de ses jours si miraculeusement préservés.

Bien des gens aujourd'hui sourient au récit d'un miracle; cependant comment expliquer la transformation soudaine qui succédait à mille passions tumultueuses? Cette résurrection de l'âme est-elle un moindre prodige que ne le serait le mouvement rendu à un corps inanimé? et Ciudad, qui sentit une vie nouvelle soufflée tout d'un coup des lèvres d'une simple fille des champs sur son cœur régénéré, Ciudad pouvait-il douter des grâces et de la miséricorde divines?

Il se mit en mesure de quitter honorablement le service, rentra dans sa patrie, et y commença une vie édifiante qui surpassait déjà de beaucoup les effets d'une piété ordinaire; mais cet état, quoique voisin de la perfection, n'était pas encore le terme qui lui était assigné. Il passa en Afrique pour procurer les consolations chrétiennes et tous les secours qui pouvaient dépendre de la charité à des milliers d'esclaves chrétiens gémissant sur cette terre barbare, dans les fers des musulmans. Il se dévoua ensuite au service d'un gentilhomme portugais exilé à Gibraltar avec une nombreuse famille, et réduite à la plus complète indigence. Ce gentilhomme, ne pouvant se résigner à un genre

de vie si nouveau et si rude, supplia Jean
Ciudad de prendre soin de sa famille. Jean,
bien loin de reculer devant une telle charge,
acheva, au contraire, de prodiguer le peu
qu'il possédait, afin de répondre à la confiance qu'on lui avait témoignée, et pour
ramener ces malheureux dans leur pays.
C'est ainsi qu'il gagna sa quarante-troisième
année dans diverses œuvres d'une ineffable
abnégation.

Il n'avait d'autre manière de gagner sa
vie que de colporter de village en village de
chétives marchandises qui se composaient
pour l'ordinaire de petits manuels de prières,
d'images de dévotion et de sandales à l'usage
des gens du peuple. Un jour qu'il voyageait
pour son trafic habituel, il rencontra un
jeune garçon d'une physionomie prévenante,
de petite taille, mal vêtu et nu-pieds. Il
l'accosta aussitôt pour lui offrir une paire de
sandales : l'enfant en essaya plusieurs, mais
toutes étaient trop longues ou trop larges, et

le blessaient lorsqu'il avait fait quelques pas.
Jean Ciudad, ne pouvant se résoudre à le
délaisser dans cet état pitoyable, le pressa de
monter sur ses épaules, le fit asseoir sur son
ballot, et, ainsi chargé, se remit en route.
Mais plus il cheminait, plus la balle semblait
augmenter de pesanteur, et l'enfant eût tenu
dans ses petites mains le poids des destinées
du monde, que le fardeau n'eût pas semblé
plus accablant à Jean Ciudad devenu, sans
le savoir, un nouveau Christophe. Bientôt,
tout pliant et tout baigné de sueur, le pauvre colporteur aperçut une fontaine et un
arbre qui en était peu éloigné. « Mon cher
enfant, dit-il, permettez, je vous prie, que
je vous dépose sous cet arbre, afin que vous
vous y reposiez à l'ombre tandis que j'irai
me désaltérer à cette eau fraîche : je viendrai
vous reprendre aussitôt après. » Jésus, ne voulant pas laisser plus longtemps cet homme
charitable dans l'anxiété, se manifesta sous
ses traits divins, sans perdre ceux de l'en-

fance, et, lui présentant une grenade tout ouverte au milieu de laquelle s'élevait une croix lumineuse, prononça ce peu de mots : « Jean de Dieu, Grenade sera ta croix. » En même temps il disparut.

Ciudad, enflammé d'un inexprimable enthousiasme à ce doux nom de Jean de Dieu qui lui était décerné par le Sauveur lui-même, comprit qu'une grande mission l'attendait en la ville de Grenade, et se mit à marcher à grands pas dans cette direction.

A l'époque où Jean de Dieu entra dans Grenade, cette ville célébrait avec beaucoup de dévotion la fête de saint Sébastien, et une foule inaccoutumée accourait dans ses murs pour entendre les prédications de Jean d'Avila, surnommé l'apôtre de l'Andalousie. Dès le premier sermon, Jean fut si profondément ému, qu'il ne put retenir ses cris, et l'église retentit de ses gémissements : il maudissait à haute voix ses fautes passées, se frappait la poitrine, et à la fin du discours se prosterna le front sur le marbre, en poussant des cris qui semblaient ceux d'un insensé. Les curieux qui l'entourèrent ne manquèrent pas de s'y méprendre, et le conduisirent aussitôt dans un hôpital de fous : Jean n'essayait pas de les détromper, il bénissait, au contraire, intérieurement cette humiliation comme un châtiment de ses péchés, et il se soumettait paisiblement à tous les mauvais traitements qu'on lui faisait subir, comme à autant d'expiations de ses fautes. Mais le prédicateur, Jean d'Avila, avait remarqué le tumulte ; il s'informa des motifs qui l'avaient causé, et bientôt voulut connaître par lui-même l'état de l'infortuné qu'on lui signalait comme en proie à un violent délire. O sagesse du monde, ô folie de la croix, voici encore un de vos exemples ! et Jean d'Avila le discerna sans peine : il reconnut Jean pour sage entre les sages, il obtint de lui qu'il sortît de l'hôpital, où il ne demandait qu'à rester enfermé, devint en même temps

son ami et son directeur, et concerta avec
lui les plans charitables dont Grenade vit
bientôt le surprenant accomplissement. Jean
de Dieu, car il ne portait plus d'autre nom,
sans argent, sans crédit, sans aucune res-
source humaine, et livré lui-même à la plus
profonde misère, avait résolu cependant de
se vouer au soulagement des misères d'autrui. Les malades, les infirmes, les aliénés,
les indigents, n'étaient soignés et secourus
dans les divers établissements publics de
Grenade que par des mercenaires, qui souvent négligeaient leur devoir, et plus souvent encore, spéculant sur les misères qu'ils
étaient chargés d'adoucir, les aggravaient
par toutes sortes de honteux trafics. Jean
de Dieu voulut montrer aux yeux les plus
prévenus quelle différence existe entre le
service intéressé d'un mercenaire et celui
d'un religieux dévoué par zèle aux œuvres
de la charité : il loua une maison dans un
faubourg de Grenade dont le propriétaire

consentit à ne point lui demander caution du prix de son loyer; quelques âmes d'élite touchées de la même grâce que Jean s'unirent à son œuvre et partagèrent son dévouement; les malades et les pauvres accoururent en foule; la reconnaissance de quelques-uns les encouragea, l'ingratitude de quelques autres ne les rebuta point, et bientôt cet hospice naissant fixa l'attention de tous les hommes pieux et riches qui se préoccupaient du soulagement de l'humanité.

Jean de Dieu ne laissait ni trêve ni merci à la compassion publique. Lorsqu'il avait passé toute la journée au pansement des malades, à l'instruction des membres de sa nouvelle confrérie et à l'ordonnance générale de sa maison, il sortait le soir vers huit à neuf heures portant deux grandes marmites sous ses bras, et une hotte sur ses épaules. Il allait par toutes les rues de Grenade, frappait à toutes les portes, criant à haute voix : « Faites bien, mes frères, faites bien. » On

l'accueillait d'abord avec surprise, on se mettait aux fenêtres pour écouter ce cri bizarre,
ou l'on descendait pour considérer de près
cet homme et cet accoutrement singulier.
Quelques-uns le raillaient, d'autres le mé-
prisaient sans daigner même lui adresser la
parole, et il se fatigua longtemps sans recevoir grand secours. Mais quand la curiosité
eut attiré plusieurs personnes vers son hospice, ou les eut portées à s'enquérir de ses
œuvres; quand la voix des pauvres qu'il
avait secourus, des infirmes qu'il avait ser-
vis, vint joindre de touchantes acclamations
à son appel, la confusion saisit beaucoup
d'habitants notables de la ville, et l'on se prit
à rougir de laisser faire ainsi à un seul
homme, inconnu, étranger, l'œuvre à laquelle tous ensemble auraient dû travailler
depuis longues années.

Encouragé de toutes parts, Jean de Dieu
pénétrait avec confiance dans les hôtels des
plus illustres et des plus puissants seigneurs.

Un jour il arriva chez le marquis de Tarifa au milieu d'une soirée où le jeu, au sortir de la table, occupait tous les assistants : les parties s'interrompirent, et plusieurs des enjeux furent spontanément, et sur l'exemple du maître de la maison, convertis en aumônes. Mais quelques membres de la compagnie n'avaient pas trouvé cette interruption de leur goût : ils ne craignirent pas de blâmer l'importunité du saint visiteur, et à peine les avait-il quittés, que les murmures allèrent jusqu'à demander si l'on était bien sûr de l'usage qu'un tel homme pouvait faire des sommes ainsi prélevées. « Il est facile de s'en assurer et de s'en convaincre, répondit le marquis de Tarifa ; nous avons été sollicités au nom des pauvres, sollicitons-le à notre tour sous prétexte d'indigence, et voyons comment nous serons reçus. » En même temps le marquis s'enveloppait d'un manteau, et, sortant précipitamment, avec quelques compagnons, il alla, au coin d'une rue écartée, attendre Jean de Dieu qui rentrait à son hospice. « Je suis un pauvre gentilhomme ruiné, lui dit-il aussitôt qu'il l'aperçut, aidé par l'obscurité de la nuit, et dérobant son visage comme par modestie; j'ai à soutenir un procès qui me rendrait ma fortune et sauverait mon honneur, mais je ne possède pas un denier pour l'entreprendre, il ne me reste qu'à mettre volontairement fin à des jours si déplorables, ou à tenter quelque criminelle industrie. Vous êtes l'avocat des pauvres, le père des affligés; voulez-vous sauver ma vie et peut-être mon âme? » Jean de Dieu s'était arrêté dès les premiers mots, et les écoutait avec émotion : « Je viens de recevoir 25 ducats, répondit-il, ils sont indispensables aux besoins de ma maison; mais puisque Dieu vous a placé sur ma route, il me pourvoira de quelque autre façon. Tenez, prenez cette bourse, et ne blasphémez plus contre la Providence. » Le marquis prit les 25 ducats et les rapporta en triomphe à ses amis. Dès le lendemain, au point du jour, il se rendit à l'hospice, découvrit naïvement à Jean de Dieu son artifice de la veille, joignit 50 écus d'or à la bourse qu'il rapportait, et assigna à l'hospice une rente régulière en provisions de toute espèce.

Don Sébastien Ramirez de Fuenleal, évêque de Tuy, se distingua bientôt parmi ses protecteurs. Ce fut lui qui fit à notre pieux fondateur une loi de porter et de conserver le nom de Jean de Dieu reçu par une faveur si particulière, lui remontrant que son obéissance devait ici l'emporter sur son humilité. « Vous déroberiez aux pauvres par une modestie inconsidérée, lui dit-il, l'estime que Dieu fait des services rendus à leur misère, et vous priveriez le monde de l'éclatant témoignage par lequel il a prétendu l'instruire. » Le même prélat l'engagea aussi à revêtir un costume religieux. « Il faut, lui dit-il un jour, que ceux qui se joignent à vous soient reconnaissables par l'uniformité du vêtement comme par celle des œuvres ; un habit grave et honnête est nécessaire aux personnes qui prennent à cœur de suivre les voies de Dieu, et vous ne sortirez point de mon palais que je ne vous aie revêtu moi-même d'un habit convenable à votre profession. » Jean de Dieu se soumit, et les supérieurs de son ordre ont pris soin de conserver l'étoffe et la façon de ce premier costume avec autant de fidélité que le premier esprit de leur institution.

Plus les œuvres de Jean de Dieu étaient humbles, plus Dieu lui devait en quelque sorte des témoignages éclatants. D'autres saints avaient contribué au progrès de la civilisation, à l'illustration des peuples par l'éloquence de leur parole, par la profondeur de leur philosophie, par l'étendue de leur domination temporelle ; des empires conquis ou régénérés, des multitudes enthousiastes, des acclamations retentissant d'université en université, servaient de cortége à leur vie, et nous signalent encore l'empreinte de leurs pas à travers l'histoire du monde. Jean de Dieu ne fut ni éloquent, ni savant, ni puissant, ni envié, ni applaudi, ni couronné, ni martyr : petit et l'homme des petits, humble et l'homme des humbles, uniquement occupé à recueillir le sang qui avait coulé des plaies de notre Sauveur Jésus-Christ sur le bois de la croix, et à en verser les précieuses gouttes sur les plaies de l'humanité, il eût toujours ignoré la sublimité de sa mission, si Dieu, à diverses reprises, ne se fût plu à la lui révéler en personne.

« Ce soigneux procureur des nécessités des pauvres, comme le nomme son biographe Jean de Loyac, revenant bien tard de la ville, aperçut à un carrefour un pauvre languissant tout couvert de playes, et qui portoit sur son visage la pasle et surprenante représentation de la mort; il fut émeu à la veuë de ce pitoyable objet, et, s'approchant de

luy, il le pria de trouver bon qu'il le condui-
sît en son hospital. Ce malade apparent,
s'estant laissé conduire et porter dans l'hospital par nostre père des pauvres, il luy fit
voir, ainsi qu'il luy lavait les pieds, que c'estoit à Celuy qui a guéri la maladie du genre
humain qu'il rendoit cet office de piété.
D'autant que Jean, essuyant les pieds de son
malade, il aperceut la cicatrice et l'ouver-
ture que les cloux avoient faites aux pieds
adorables de nostre Sauveur; et s'estant ar-
resté sur la considération d'un si surprenant
objet, il éleva les yeux sur la face du malade,
qui parut si belle et si ravissante, que **Jean**
demeura pasmé d'admiration, et eust eu de
la peine à revenir à soy, si Nostre-Seigneur
Jésus-Christ n'eust excité ses esprits, et fait
passer ses transports dans les douceurs et
suavités d'une consolation si intérieure,
qu'il n'y a que les âmes d'élite et de la grande
faveur qui la puissent ressentir sans la pouvoir exprimer. « Jean, mon serviteur fidèle,

revenez à vous, luy dit Jésus-Christ. C'est pour
vous témoigner l'estime que je fais de vos
humbles actions, et du soin que vous prenez
de ceux que j'ay racheptez par le sang qui
a coulé de mes playes, que je vous traite de
ceste sorte ; vous ne rendez aucun bon office
aux affligez, vous ne donnez aucun secours
aux pauvres malades, vous ne faites pas
un pas pour chercher ce qui leur est nécessaire, vous n'ouvrez pas la bouche, et ne
dites pas une parole pour exciter les hommes
à prendre compassion de leurs misères, que
je ne l'aye aussi agréable comme si c'estoit à
ma propre personne que ces services fussent
rendus. Continuez et travaillez toujours
avec ce mesme zèle, ferveur et charité. » Ces
paroles finies, la vision disparut, et tout
l'hospital demeura remply d'une si grande
lumière, que les pauvres malades creurent
que l'infirmerie brûloit, et les alloit tous ré-
duire en cendre. Ceux qui estoient assez va-
lides sortirent de leurs licts pour se sauver,

les plus malades trembloient et pleuroient
de peur, et crioient tous ensemble : Au feu!
au feu! l'hospital brûle ; ce qui contraignit le
serviteur de Dieu d'élever sa voix, et de leur
dire avec les accents d'un cœur enflammé
du divin amour : « Mes chers enfants, ce
feu n'est pas pour consommer vos corps, n'y
embrazer l'hospital, mais bien pour porter
en vos âmes les flammes de la sainte dilec-
tion que Nostre-Seigneur Jésus-Christ est
venu luy-mesme visiter ce lieu, sous la
figure d'un pauvre. »

Un jour que les administrateurs peu scru-
puleux de l'hôpital y donnaient une fête,
le feu prit, et l'incendie s'accrut avec une
telle violence, que tous les efforts échouaient
contre ses ravages. Jean de Dieu accourt; il
entend les cris lamentables des malades; il
s'élance seul au milieu des bâtiments embra-
sés, et il porte successivement chaque malade dans un lieu sûr et tranquille.

Dix années furent ainsi employées à con-

soler, purifier et édifier la ville de Grenade ;
puis, lorsque les pieuses intentions de Jean
de Dieu eurent reçu tout leur développement, surmonté tous les obstacles, l'heure
de la rémunération ne se fit pas attendre.
La charité qui l'avait fait vivre allait aussi
le faire mourir, afin de l'accompagner jusqu'aux pieds du Juge suprême ; déjà il portait
sur son visage les signes d'une caducité pré-
coce et d'une santé abattue par le travail
comme par la pénitence. Ses frères et les
personnages les plus considérables du clergé
et de la ville de Grenade le prièrent de se
donner quelque repos, souffrant qu'on prît
de son existence le soin qu'il prenait de celle
d'autrui ; mais à peine s'était-il déterminé à
garder le lit quelques jours, qu'on vint l'a-
vertir que le fleuve Xénil, qui coule aux environs de Grenade, était débordé. Saint Jean
de Dieu se représente aussitôt le ravage des
eaux, et, sans penser davantage ni à sa faiblesse ni à la maladie, court sur le rivage,

permettant seulement à quelques-uns de ses frères de l'accompagner. Là, s'étant aperçu qu'un d'eux s'avançait trop avant dans l'eau pour y saisir du bois de chauffage qui flottait, et, victime de son zèle, courait grand danger d'être noyé, Jean de Dieu se précipite à la nage tout vêtu de son long habit, et le retire du péril en hasardant par ce dernier effort son dernier souffle de vie.

Rentré dans son hôpital, il ne songea plus qu'aux préparatifs de sa mort, mettant de l'ordre aux registres de la communauté, indiquant plusieurs dettes qui demeuraient à solder, et prescrivant de dernières règles pour la distribution des heures de travail ou pour le service des malades. Comme il était tout absorbé dans ces occupations, on vint lui dire que l'archevêque le mandait au palais épiscopal. Au lieu d'invoquer les justes motifs d'excuse que son état rendait trop évidents, Jean de Dieu se mit en devoir d'obéir, et arriva près du prélat aussi promptement que celui qui avait porté ses ordres.

Dès qu'il fut en présence de son archevêque, il se prosterna selon sa coutume, baisa sa main, demanda sa bénédiction, et voulut, quelque instance qu'on employât pour le relever, entendre à genoux ce que son supérieur avait à lui dire.

« J'ai voulu, lui dit don Pedro Guerrero, alors archevêque de Grenade, vous communiquer les rapports de personnages en apparence fort zélés et fort éclairés dans les bonnes œuvres; ils affirment que toutes sortes de gens sont reçus indistinctement dans votre hôpital; qu'on y voit des familles entières parfaitement capables de gagner leur pain, ou des femmes débauchées qui, après avoir reçu l'aumône, se moquent de vos exhortations pour les détourner du vice. »

A ce discours, Jean de Dieu ne laissa percer aucune surprise, et répondit simplement: « Les désordres et les abus dont Votre Illus-

trissime Seigneurie a été entretenue ne se
trouvent point dans mon hôpital. Toutefois,
si je ne recevais que des justes et jamais de
pécheurs, je craindrais de voir bientôt vides
les infirmeries et les dortoirs. Je crois donc
que Dieu m'a préposé, sous votre autorité,
à la conduite de cette maison, pour que les
pauvres assujettis aux infirmités et les âmes
asservies en captivité par le démon soient
également secourus et délivrés. Lorsqu'il
plaira à Votre Seigneurie de nous faire une
visite, elle découvrira, à ma grande confusion, que je suis le seul détestable et misé-
rable pécheur qui mange indignement dans
l'hôpital le pain qui y est aumôné pour les
pauvres. »

L'archevêque n'était pas facile à vaincre
en pieuse générosité ; il jeta ses bras autour
du cou de Jean de Dieu, et lui dit : « Allez,
mon frère et mon très-cher fils en Notre-
Seigneur, retournez en votre maison, agis-
sez-y toujours selon les mouvements que

Dieu vous inspire : je me démets entièrement sur vous des pouvoirs que ma dignité me donne : votre vertu ne sera jamais traversée de mon consentement, mais bien au contraire louée et honorée. »

Cette dernière entrevue était, pour ainsi dire, le testament que la Providence avait voulu arracher de la bouche du saint fondateur, pour en former comme un héritage authentique qui devait se transmettre de génération en génération sous le même nom et sous le même habit. En sortant du palais épiscopal, Jean s'étendit sur son grabat. C'était un petit chariot d'osier infiniment trop court pour sa taille, qui lui avait été légué par un paralytique mort entre ses bras, et dans lequel il ne pouvait goûter qu'un sommeil douloureux et interrompu. On ne put le déterminer à se faire transporter volontairement sur une autre couche, et il fallut que la pieuse dame Anne Ossorio recourût à l'autorité si vénérée de l'archevêque, et lui apportât l'ordre par écrit de suivre dans sa demeure la personne qui avait obtenu l'autorisation formelle de lui imposer ses soins. Mais lorsqu'il fallut l'enlever de l'hospice, les pauvres et les malades éclatèrent en sanglots et en lamentations; entourant son brancard, ils s'écriaient que la bénédiction du Ciel abandonnerait leur toit pour le suivre dans sa nouvelle demeure, et qu'ils ne se laisseraient point séparer de leur père : le peuple de Grenade, attiré par ces cris et ce spectacle, entraîné aussi par l'amour dont Jean avait pénétré toutes les classes, grossissait la foule de minute en minute, et envahit les avenues de l'hospice, de sorte que l'alcade fut contraint d'appeler la force armée, et de faire conduire, sous une imposante escorte, l'humble religieux qui ne songeait, pendant tout le tumulte, qu'à offrir à Dieu tout ce qu'avait de doux et de déchirant une pareille violence.

On le déposa sur un lit, mais il n'y goûta

que quelques instants de repos, appela tous ses frères en Jésus-Christ, leur recommanda de nouveau l'observance de leur règle, leur renouvela ses paternelles instructions, leur demanda pardon des fautes dont il croyait les avoir scandalisés, les bénit et les congédia; puis, se relevant encore une fois pour aller se prosterner au pied d'un autel qu'on avait à la hâte dressé dans sa chambre, il supplia les maîtres du logis, qui lui donnaient cette hospitalité forcée, de ne point troubler sa méditation et sa prière. Ceux-ci, en effet, se tinrent longtemps en silence derrière la porte de sa chambre; mais, plus d'une heure s'étant ainsi écoulée, ils commencèrent à redouter ce surcroît de fatigue pour le malade, et se résolurent à enfreindre ses ordres, plutôt que de le laisser succomber peut-être à l'excès de son zèle. Ils entrèrent doucement dans sa chambre, et aperçurent Jean de Dieu prosterné au pied de l'autel : ils lui adressè-

rent quelques mots de reproche sans obtenir
de réponse, et lorsqu'ils touchèrent ses
mains, ils sentirent le froid de la mort. Jean
de Dieu s'était dérobé à leurs tendres liens,
son âme habitait le ciel sans que son corps
eût quitté l'attitude de la prière, et sans
avoir perdu, pour ainsi dire, le pli dans lequel il avait vécu. Il ne restait plus rien de
lui qu'une dépouille inanimée!... Non! non!
il restait une mémoire qui ne périra jamais,
et un ordre qui vivra éternellement de son
nom et de ses exemples.

« Ce fut l'année 1550, le huictiesme jour
du mois de mars, la nuict du vendredy venant
au samedy, environ les douze heures et de-
mie, que nostre humble et charitable nourri-
cier des pauvres passa de ceste vie au glorieux
séjour des saincts. Il estoit âgé de cinquante-
cinq ans, desquels quarante-deux furent
employez au diverses épreuves qui ont
purifié sa vertu et acquis à son âme les
qualitez nécessaires pour former, en treize

ans, un ordre qui exerce dans tous les quartiers du monde la charité envers les pauvres.

« A la première nouvelle de sa mort, on accourut dans cette glorieuse demeure pour y dire la messe; la multitude du peuple s'y rassembla de toutes parts. Les principaux de la ville y vinrent aussi, chacun se sentant intérieurement excité à révérer la mémoire de celui qui s'estoit estudié pendant sa vie à attirer sur soy le mépris de tout le monde.

« Le corps sainct fut porté sur les épaules de quatre des plus grands seigneurs de Grenade, jusques à la porte de l'hospital.

« ... La démarche fut faite en cette sorte : les pauvres de son hospital qui estoient en estat d'y assister alloient les premiers, conduits par Antoine Martin et ses autres frères. Les filles et les femmes qu'il avoit retirées, et mises en pénitence, les suivoient, portant

chacune un flambeau allumé à la main, et
ne se lassant pas de publier les obligations
dont elles luy estoient redevables. Toutes
les confréries de la ville venoient ensuite,
chacune avec leur croix et leur bannière;
après eux, les communautez religieuses,
selon leur ancienneté, chantant tous les
psalmes et les cantiques dont l'Église se
sert en telles occasions. Le clergé de la
ville les suivoit, le chapitre, chanoines, et
dignitez de la grande église, et leur in-
comparable archevesque, revestu de ses
ornements pontificaux, marchoit immédiatement devant le corps; aussi-tost après,
le président, et tous les officiers de la
chancellerie de Grenade, qui estoient sui-
vis des magistrats et de toutes les personnes, qualifiées chacune selon son rang
et qualité.

« On entra en l'église avec grand'-peine,
à cause que le peuple en avoit saisi les avenues pour pouvoir faire toucher leurs mé—

dailles ou chappelets à la bière de ce sainct homme.

« Pendant neuf jours que cet homme de bénédiction demeura en l'église sans estre inhumé, divers prédicateurs preschèrent ses louanges, et il ne se fit aucun sermon durant l'année en ceste grande ville, auquel les prédicateurs ne prissent leur morale de quelque histoire de la vie du bienheureux Jean de Dieu. » (Jean de Loyac, page 253.)

Alexandre VIII le canonisa en 1690. Son ordre dota l'Espagne de ses bienfaits, s'étendit sur tout le Portugal, et gagna promptement l'Italie, où le pape saint Pie V le consacra par des bulles expresses et des faveurs signalées. Leur nom, en Italie, n'est autre que ce stimulant qui s'échappait perpétuellement de la bouche du maître : Faites bien, mes frères : *Fate bene, fratelli.* En Allemagne, en Pologne et en France, ces frères portent le nom de leur fondateur, de leur modèle, et vivent parmi nous, à Paris, à Lyon, à Lille, en Bretagne, chéris du pauvre, connus du riche, et salués par toutes les détresses du beau titre de Frères de Saint-Jean-de-Dieu.

VIE

DE

SAINTE ZITE

SERVANTE DE DIEU ET DES HOMMES

Sainte Zite naquit en l'an 1218 : son père et sa mère étaient propriétaires d'une chaumière dans les environs de Lucques, et d'un petit champ qu'ils cultivaient de leurs propres mains. Là ils coulaient des jours heureux dans la crainte du Seigneur et dans l'observation de sa loi. La jeune fille aidait sa mère dans les soins du ménage, et son père dans les travaux d'agriculture qui ne

dépassaient pas ses forces. On voyait déjà, à
la ferveur et au recueillement des prières de
cette pauvre enfant, que Dieu disposait son
âme aux grâces qu'il voulait y répandre par
la suite. Toute son éducation se fit à l'aide de
ces simples paroles : Ceci plaît à Dieu, ceci
lui déplaît.

Pour diriger ses actions, Zite n'avait besoin que de connaître les intentions de
Dieu; aussi son enfance n'offrit-elle aucun trait saillant autre que cette admirable
continuité de dévotion et d'obéissance. Elle
se développa à l'ombre et dans le silence
comme la fleur des champs près de laquelle elle vécut, et n'eut que les ange
du Ciel pour témoins de ses premières
années.

Lorsque Zite eut atteint l'âge de douze
ans, son père, pour accroître son modique
revenu, commença à la conduire à Lucques
avec un petit panier de fruits au bras. La
gentillesse de cette enfant attirait bientôt les

regards des différents acheteurs, et elle ne revenait jamais du marché au logis paternel sans avoir entièrement vidé son panier entre les mains des habitants de Lucques.

Une des familles les plus riches de Lucques, la famille des Fatinelli, était au nombre des pratiques de notre chère enfant, et lorsque Zite eut atteint sa dix-huitième année, ils proposèrent à son père de la prendre chez eux en qualité de servante : cette séparation causa une vive douleur aux parents de la jeune fille. Cependant ils y entrevoyaient de grands avantages pour leur fille elle-même, et un soulagement pour leur vieillesse.

Ils consentirent donc à la proposition des Fatinelli, mais la privation de leur cœur n'était pas leur seule souffrance. Son existence nouvelle pouvait devenir bien périlleuse. La surveillance de parents attentifs et pieux, la solitude et le calme,

le ciel, les arbres et les fleurs, tous ces
compagnons de la nature qui parlent si
éloquemment de Dieu, et ramènent si
doucement l'âme vers lui : tout cela allait
manquer à la fois à notre pauvre servante, tout cela allait être remplacé par
le tumulte et le mouvement des villes,
par des maîtres chrétiens, il est vrai, mais
plus indifférents qu'un père et qu'une
mère, par des camarades inconnues, bien-
veillantes peut-être, mais qui pouvaient
cesser de l'être, ou tendre des piéges à l'in-
nocence de la pauvre fille. Voilà bien des
angoisses pour le cœur de parents pieux.
Cependant ils savaient aussi que notre
existence ici-bas ne peut pas s'écouler tout
entière à l'abri des épreuves; chaque état a
les siennes. Dieu nous a fait une loi qui sait
nous guider à travers toutes les conditions
de la vie : c'est le péril qui fait notre mérite
et qui nous obtient une récompense éternelle. Les parents de Zite pleurèrent donc

beaucoup, ils prièrent encore davantage, puis ouvrirent eux-mêmes à leur chère enfant la porte de la maison paternelle, et la conduisirent là où la Providence l'appelait.

Vous ne trouverez jamais une âme chrétienne dans laquelle ne se développe aussitôt un immense élan de charité à la vue des pauvres et des infirmes de ce monde. Zite avait vécu jusqu'alors dans la pauvreté, mais non pas dans la misère, et lorsqu'elle aperçut les mendiants qui venaient chaque semaine recevoir une aumône dans la maison de ses maîtres, son cœur fut ému d'une profonde compassion : elle était souvent choisie pour intermédiaire des aumônes de la dame Fatinelli; mais cela ne suffisait pas à notre sainte, c'était sa main qui portait l'aumône, mais ce n'était pas sa main qui donnait, ce n'était pas le fruit de son épargne, de ses privations qui venait réjouir le cœur du pauvre, en répandant

sur la maison des actions de grâces et des
bénédictions. Que voulez-vous que donnât
une jeune fille pauvre elle-même, me dira-
t-on, et humble servante dans une maison
où elle ne pouvait disposer de rien? Vous le
croyez peut-être ainsi; sainte Zite pensa
autrement : elle avait l'habitude de jeûner
pendant le carême, elle crut que le jeûne
de toute l'année ne la fatiguerait pas davantage, et elle s'imposa la privation de
tout autre aliment qu'un morceau de pain
chaque matin, ajoutant furtivement tous
les aliments qui lui étaient donnés, comme
aux autres domestiques, aux aumônes
qu'elle était chargée de distribuer de la part
de sa maîtresse. Quand elle voyait de pauvres femmes dont les vêtements étaient dé-
chirés et dont les membres grelottaient de
froid, elle les couchait dans son lit, les
y faisait reposer et couchait sur le carreau à
leurs pieds. Je n'ai pas besoin de vous dire
qu'elle était la plus exacte, la plus assidue,

et surtout la plus fidèle dans tous les devoirs de son service. Elle n'avait demandé à sa maîtresse qu'une seule faveur, c'était la permission d'aller tous les matins dans l'église la plus proche de la maison Fatinelli; mais c'était sur son sommeil et non sur le temps de son ouvrage qu'elle prélevait l'heure de sa prière. Elle avait lu dans les Psaumes ces paroles du roi-prophète : *Mon oraison devance l'aube du jour. O Dieu! vous me ferez ressentir votre miséricorde dès l'aurore;* et elle avait lu dans un autre livre de la sagesse divine : *Je répondrai à celui qui m'invoquera dès l'aurore.* Notre jeune servante élevait donc son âme à Dieu, tous les matins, avant le lever du soleil, et elle lui offrait toutes ses occupations de la journée qui commençait, comme autant de moyens de sanctification.

Un jour, pendant une de ces oraisons si ferventes de la sainte, le temps s'écoula de

telle sorte qu'au moment où elle sortait de
l'église, le soleil déjà haut sur l'horizon
lui rappela qu'elle avait dépassé l'heure
où elle devait faire un ouvrage indispensable : c'était la fourniture du pain pour
toute la maison. A cette époque, dans le
XIIIe siècle, la boulangerie n'était pas per-
fectionnée comme de nos jours, et chaque
bourgeois notable faisait son pain dans
son four. Zite se hâta de gagner le logis,
se reprochant intérieurement la négligence
d'un devoir ; Zite arrive, trouve la pâte
toute préparée et le feu allumé ; la sainte
fille ne doute pas qu'une autre servante,
pour lui épargner une réprimande, n'eût
bien voulu faire sa besogne en son absence ; mais quand elle voulut trouver à
qui adresser ses remercîments, personne
ne savait ce qu'elle voulait dire, personne
n'avait songé à lui rendre ce service ; et
enfin, dans la simplicité de son cœur, elle
ne douta pas que Dieu n'eût accordé cette

faveur à celle qui avait tout oublié pour lui.

Cette grande perfection de Zite, qui aurait dû lui attirer tous les cœurs, suscita cependant plus d'un murmure et beaucoup de jalousie; plusieurs de ses camarades enviaient l'affection que la dame Fatinelli témoignait à Zite, et s'impatientaient qu'on la leur présentât toujours comme modèle; ils lui cherchaient querelle, ils tâchaient de là surprendre en défaut; et, n'y pouvant parvenir, ils dénaturaient ses actions, ses propos, et la dénonçaient à leur maîtresse. Quand la dame Fatinelli descendait alors parmi ses serviteurs et adressait quelques injustes reproches à notre humble servante, croyez-vous que celle-ci s'en sentît outragée et cherchât à user de représailles? Pas du tout; elle pensait dans son humilité que ses camarades n'agissaient ainsi que dans l'intention sincère de la corriger de ses défauts et par tendresse pour elle. Elle était toujours prête à se reconnaître coupable de tout ce dont on l'accusait; et dès qu'elle connaissait ses dénonciateurs, elle courait les embrasser avec une effusion ravissante de reconnaissance et de larmes. Cet esprit de charité et de douceur avait pris en elle un caractère si manifestement angélique, que la paix du Seigneur, la paix des âmes, la paix de l'amour en Jésus-Christ finit par triompher de tous les obstacles, et par régner sans mélange dans l'heureuse maison de la dame Fatinelli.

Ses maîtres auraient voulu la traiter plutôt en amie qu'en servante, et la décharger de tous les travaux fatigants de la maison, mais son humilité ne le souffrit jamais, et elle conserva jusque dans un âge avancé toutes les habitudes laborieuses de sa jeunesse; elle ne relâchait rien non plus, en avançant en âge, de ses pratiques de rigueur et de mortification, et elle arriva ainsi jusqu'à l'heure marquée par Jésus-Christ pour la récompense de tant de dévouement et de tant de foi.

Sa maladie dura cinq jours seulement : elle s'était mise au lit avec une petite fièvre, annonçant que sa fin était proche; la fièvre augmentait rapidement, les douleurs devinrent aiguës; cependant sa figure calme et joyeuse annonçait le contentement intérieur d'une âme qui va près de Dieu. Elle était entourée de tous les serviteurs de la maison Fatinelli et d'un grand nombre de voisins qui la vénéraient depuis longues années; ce fut alors qu'elle reçut avec une tendresse inexprimable les derniers sacrements. Jésus-Christ, qui venait reposer sur ses lèvres, possédait depuis longtemps la plénitude de son cœur. L'heure de sa mort fut donc seulement l'heure d'une réunion plus intime, et ce jour-là il y eut un hosanna de plus parmi les bienheureux.

Je viens de vous présenter là une vie bien simple, bien humble, bien dépouillée d'ornements et de faits en apparence mémorables ; et pourtant ce récit, je l'ai choisi à dessein, parce qu'il en ressort un puissant enseignement : c'est que la vie la plus humble, la plus cachée, quand elle s'écoule avec l'amour de Dieu, égale en splendeur véritable la vie de tous les rois et de tous les puissants de la terre ; et il n'en faut pas davantage pour reposer sur un autel, comme sur un trône, offert de siècle en siècle aux hommages, au respect de toutes les générations. Le monde suit une autre voie : avant de décerner ses honneurs, il exige une éclatante renommée, de grands talents, des royaumes renversés et reconstruits, ou bien la science et le génie des machines puissantes, des inventions pleines de prestiges, pour tromper l'homme sur sa faiblesse, plutôt que pour l'éclairer sur sa véritable

force. Peu d'hommes peuvent donc parvenir à la gloire et à la puissance mon-
daines, tandis que tous peuvent parvenir
à la gloire selon l'Église, et aux honneurs
magnifiques, dont elle est dispensatrice, et
cette condition, c'est simplement la vertu.
Comprenez bien cette admirable générosité de l'Église; mais comprenez aussi l'indispensable obligation qu'elle vous impose.
Un grand roi vivait en même temps que
notre humble Zite; c'était Louis IX, que
vous connaissez tous sous le nom de saint
Louis; l'illustre monarque et l'humble servante ont été canonisés tous les deux par
des voies bien différentes : saint Louis a
doté son peuple d'institutions admirables;
il a porté ses armes dans le pays des infi-
dèles, et il a péri martyr de son zèle au
milieu de la plus brillante noblesse de
France. Tous les regards de l'Europe et de
l'Asie étaient tournés vers les entreprises
de ce grand prince, et tous les yeux l'ont

pleuré. L'humble Zite, à la même époque, vivait dans un coin de l'Italie, sans que personne, hors de son village, connût son nom. Eh bien, voyez ce que Dieu a voulu : c'est que ces deux noms, si dissemblables en renommée, fussent également recueillis par l'Église, inscrits sur la même page du livre divin, revêtus du même titre ; et ces deux noms ont été également conservés pour la postérité.

Que devons-nous conclure de là? C'est que tous ceux qui ne peuvent faire les grandes choses de saint Louis, peuvent faire les humbles choses de sainte Zite. Nous n'avons pas besoin de rêver des conquêtes et de nous épuiser en efforts pour attirer sur nous l'attention de Dieu et de l'Église : restons paisiblement et simplement dans l'humilité de nos conditions; que notre cœur seul s'élève et se purifie; embrassons nos privations, nos contrariétés; bénissons nos souffrances, et peut-être un jour nos noms seront inscrits avec honneur, pour être présentés en modèle aux générations, que nos yeux n'entrevoient point encore dans le plus lointain avenir.

VIE

BIENHEUREUX LASALLE

Fondateur des Frères de la doctrine chrétienne

Je ne crains pas d'en appeler à vos souvenirs de l'année dernière (1). J'espère que la connaissance faite par vous avec l'admirable saint Jean de Dieu ne s'est pas entièrement effacée de votre mémoire. Mais l'année dernière, je vous rapportais le récit d'une vie qui s'est écoulée dans un

(1) Cette vie, ainsi que celle de saint Jean de Dieu, a été racontée par l'auteur à une réunion d'ouvriers placés sous le patronage de saint François Xavier. (*Note de l'Éditeur.*)

siècle et dans des pays fort éloignés de
nous : aujourd'hui je vais vous raconter
l'histoire du bienheureux Lasalle, d'un
saint qui a vécu, qui a consommé ses
œuvres et qui est mort dans notre pays ;
d'un saint qui est presque notre contem-
porain, car si un vieillard centenaire se le-
vait du milieu de nous, il pourrait dire :
Je l'ai vu.

Je me réjouis d'avoir à vous présenter
son histoire : d'abord, parce qu'il est utile
de contempler les saints de près, afin de
bien se convaincre que les conditions de la
sainteté ne sont pas aussi difficiles que
nous nous plaisons quelquefois à en flatter
notre faiblesse ; ensuite, parce qu'il est
consolant de voir les anneaux de cette magnifique chaîne qui unit le ciel et la terre,
se succéder sans interruption ; parce qu'il
est consolant de penser que la séve du dévouement, de l'amour et de la foi ne s'é-
puise pas dans les veines du genre humain,

que l'Église s'appuie toujours sur les mêmes
colonnes, que Dieu qui lui a promis une
éternelle vie, lui donne comme par surcroît
une éternelle jeunesse, qu'il y avait des
saints et des martyrs il y a dix-huit cents
ans, qu'il y en avait hier, qu'il y en a parmi
vous peut-être aujourd'hui, qu'il y en aura
toujours.

Le jeune Lasalle naquit à Reims le 30 avril
1651 de parents riches et honorables ; et
reçut sur les fonts du baptème le beau nom
de Jean-Baptiste. Il passa doucement et
pieusement de l'enfance à la jeunesse. Sa
vocation pour l'état ecclésiastique se révé-
lant par des traits aussi précoces qu'évidents, sa famille, bien qu'affligée de son
entrée au séminaire, n'y apporta point
d'obstacles. Son père se proposait d'en faire
un magistrat comme lui : la Providence le
destinait à quelque chose de plus parfait.
Cette voix fut docilement entendue du jeune
homme et de ses parents. Dieu fit encore

plus pour son avancement spirituel : il lui envoya de profonds chagrins. Le jeune Lasalle était depuis dix-huit mois établi dans le séminaire de Saint-Sulpice, lorsqu'on lui annonça la mort de sa mère, décédée le 20 juillet 1671. La perte d'une mère, dont il n'avait reçu que des témoignages de tendresse, lui causa une affliction inexprimable, et son cœur en était encore bouleversé, lorsqu'on fut contraint de lui apprendre la perte de son père, également vénérable et chéri.

Ces deux morts prématurées mettaient le jeune Lasalle en possession d'une fortune considérable. Mais détaché violemment des affections de la terre, ce n'est pas aux jouissances de la richesse qu'il pouvait demander consolation ; et dans cette libre administration de ses biens, il n'entrevit promptement que la possibilité de s'en dépouiller à jamais.

Une fois entré dans le saint ministère, l'abbé de Lasalle n'ambitionnait que d'en exercer les plus rudes travaux. L'archevêque de Reims l'avait pourvu d'un canonicat. L'abbé de Lasalle eût préféré une cure, quoique ce poste fût moins élevé dans la hiérarchie, et il se mit à chercher un curé qui voulût bien faire avec lui l'échange de ses fonctions. Lorsqu'il eut pris à cet égard toutes ses mesures, il courut joyeusement à l'archevêque, lui annonçant que le curé de Saint-Pierre de Reims consentait à prendre son canonicat : « Et moi, répondit le prélat, qui avait d'autres vues sur l'abbé de Lasalle, je ne consens point à ce que vous preniez sa cure. »

Il n'existe pas de véritable vertu chrétienne sans l'humilité, et l'abbé de Lasalle n'eut pas plutôt entendu cet arrêt de son supérieur, qu'il se soumit sans murmurer.

Pour dédommager et employer son zèle, on lui confia la direction de plusieurs monastères, emploi dans lequel il trouva moyen de rendre d'éminents services, et qui le fit entrer en relations intimes avec un M. Niel, chargé par une pieuse fondatrice d'organiser des écoles chrétiennes pour les jeunes enfants pauvres.

Ce nouveau genre de vie acheva de révéler à M. de Lasalle sa véritable vocation. Dès qu'il fut en contact avec les misères et les souffrances de la classe indigente, son cœur s'émut, et il résolut de se consacrer à elle tout entier. Une présence assidue au chapitre et toutes les autres fonctions de chanoine n'étaient plus compatibles avec les travaux de la vie de communauté qu'il se proposait d'embrasser. Il devenait donc indispensable d'essayer de nouveau de faire agréer à l'archevêque sa démission définitive.

Il se présente à la porte de l'archevêché. L'archevêque, qui avait eu préalablement connaissance de son dessein, évite de le recevoir. Sur ce refus, l'abbé de Lasalle n'a qu'une pensée : il va se jeter aux pieds de Jésus-Christ dans la cathédrale. Là, répandant son cœur en liberté devant le Seigneur, il passe plusieurs heures en prière, il recommande à Dieu le succès de son entreprise, et lui renouvelle le sacrifice de toutes ses volontés. Un habitant de la ville venant à entrer dans l'église et le considérant avec compassion, immobile et plongé dans sa méditation, dit à un de ses voisins : « Prions Dieu pour M. de Lasalle, qui perd l'esprit. — Vous dites bien, répond celui à qui il parlait, il perd véritablement l'esprit, mais c'est l'esprit du monde qu'il perd, pour se remplir de l'esprit de Dieu. »

Après cette longue et profonde oraison, M. de Lasalle retourna à l'archevêché. Toutes les portes lui sont ouvertes. Le prélat a soudainement changé de résolution; tous les desseins de M. de Lasalle sont écoutés avec bienveillance et sanctionnés par l'autorité épiscopale.

M. de Lasalle se consacra alors sans relâche à la formation d'une communauté spéciale, sous une règle particulière, vouée entièrement à l'éducation des enfants pauvres. Il fonda, en un mot, l'admirable institution des frères des Écoles chrétiennes.

Plein désormais de cette inspiration divine qui rend pauvre dans la richesse et riche dans la pauvreté, le père de Lasalle (c'est désormais son nom) revint plus que jamais à l'idée d'abandonner tout son bien. Quelques-uns de ses amis et de ses conseillers lui faisaient craindre qu'en se privant de toute fortune il ne privât en même temps son œuvre naissante de ressources précieuses, et l'engageaient, au contraire, à user avec confiance de ces avantages pour consolider ou étendre les bienfaits de sa charité. Mais le père de Lasalle envisageait la question sous un autre aspect : « Nous ne serons véritablement zélés pour la pauvreté qu'en étant pauvres nous-

mêmes, disait-il; puisque nous voulons
être humbles, pourquoi craindrions-nous
de demander l'aumône? puisque nous avons
foi en la bonté divine, pourquoi craindrions-nous de nous en remettre complétement à la Providence? Je ne vivrai pas
toujours, et ma fortune sera promptement
épuisée. Si mes frères ont pris l'habitude
de se reposer sur de pareils secours, comment me remplaceront-ils quand je viendrai à leur manquer? Non, non, prenons
notre divin Maître pour modèle, et dé-
vouons-nous sans arrière-pensée ni réserve. »

La disette de l'année 1684 désolait alors
la Champagne. Ce fléau acheva de déterminer le père de Lasalle. Il convertit tout
son bien en saintes libéralités. Du reste, il
ne procéda pas sans discernement à cette
abondante distribution. Il divisa les pauvres
en trois classes : d'abord, les enfants qui
fréquentaient les écoles; ensuite, les pau-

vres honteux, dont il ménagea la délicatesse avec le plus grand soin, et auxquels
souvent il laissait ignorer de quelle main
partait le bienfait qui venait les surprendre.
Enfin, la troisième classe était composée
des pauvres dont la détresse était publique
et connue de toute la ville.

A partir de ce jour, toute sa vie ne se
composa plus que d'une sainte émulation
avec les plus illustres modèles de l'austérité.

On conçoit à quel degré de perfection
arriva bientôt l'institut des frères de la
Doctrine chrétienne sous un tel maître et
avec de tels exemples. Si l'espace me permettait de vous dérouler le tableau de cette
vie tout entière, j'aurais à vous montrer
une admirable suite de travaux évangéliques; mais je suis, bien à regret, obligé
d'abréger mon récit. Sachez donc seulement que, par la force de sa propre vertu,
et visiblement aussi secouru par la grâce

de Dieu qui en avait inspiré la pensée et dirigé les progrès, l'ordre naissant prit un accroissement rapide dans toute la province de Champagne, où il était né ; dans Paris et à Vaugirard, où s'établit sa première succursale; à Avignon et en Normandie, où le père de Lasalle se transporta lui-même.

De si admirables résultats ne furent pas obtenus sans de grandes épreuves et de poignantes tribulations. Les afflictions ne vinrent pas seulement des ennemis accoutumés de la religion. Il était réservé au père de Lasalle d'endurer une résistance plus douloureuse encore, celle des hommes qu'il aimait et qui aimaient Dieu comme lui. Ceux qui ont la même droiture d'intention n'ont pas toujours la même communauté de vues, et cependant chacun tient à son opinion propre, parfois avec excès.

Quelques ecclésiastiques trouvèrent que

le père de Lasalle poussait le zèle trop loin, d'autres voulaient imprimer à ce zèle leur impulsion particulière : enfin le père de Lasalle eut la douleur de tomber dans la disgrâce de son archevêque.

Mais le moment était venu où toute divergence d'opinion allait se confondre dans l'universel regret, où toutes les récriminations allaient être étouffées par les sanglots et par les larmes. Le père de Lasalle touchait à sa fin, et les symptômes en devenaient plus évidents de jour en jour.

Ses frères, s'apercevant qu'à mesure que ses infirmités croissaient il redoublait de mortification et d'austérité, lui présentèrent les plus tendres et les plus instantes prières de s'épargner lui-même. Le père de Lasalle leur répondit doucement : « La victime est près d'être immolée, il faut la purifier. »

A mesure qu'augmentait le danger, la joie inondait son âme : « J'espère, disait-

il, que je serai bientôt délivré de l'Égypte
pour être introduit dans la véritable terre
promise. » Malgré tout son courage pour
se mettre au-dessus de la faiblesse de son
corps, il fallut céder enfin aux ravages de
la maladie, qui n'avait d'autre caractère
que celui de l'épuisement. Il tomba, vers
l'époque de la mi-carême, dans un tel état
d'abattement qu'on le força de se mettre
au lit, et qu'on désespéra de l'en voir se
relever jamais. Cependant la fête de saint
Joseph n'était pas éloignée. Le pieux insti-
tuteur avait une dévotion particulière à ce
grand saint, qu'il avait choisi pour patron
de son institut; il avait une grande envie
de célébrer sa fête en disant la messe ce
jour-là; mais il était si dangereusement
malade, qu'il n'osait espérer cette grâce. Il
ne paraissait pas possible qu'il pût satis-
faire sa dévotion sans miracle. Ce miracle
lui fut accordé : la veille de la fête, vers
dix heures du soir, la violence de ses dou-

leurs diminua, les forces lui revinrent tout
à coup. Il n'osait croire à ce qu'il sentait,
tant il en était surpris. Le lendemain, il
se trouva encore mieux et réellement en
état de monter à l'autel. Je ne saurais vous
exprimer l'étonnement des frères et leurs
transports de joie. Ils ne doutèrent point
que leur bon Père ne leur fût rendu, et ils
offrirent mille actions de grâces à Dieu et
à leur saint patron. Mais l'œuvre du père
de Lasalle était accomplie, et Dieu, qui lui
tenait sa récompense en réserve, semblait
impatient de l'appeler vers lui.

Le mardi de la semaine sainte, il demanda le saint viatique, priant instamment
qu'on le retirât du lit pour recevoir son
Dieu; il se fit revêtir d'un surplis et d'une
étole, et se tint assis. Mais quand le saint
Sacrement entra dans son humble cellule,
confus encore de cette attitude devant son
créateur et son juge, il ne put résister au
mouvement de son impétueuse ferveur et

se jeta à genoux, comme abîmé devant la majesté du Tout-Puissant. Ce fut le dernier effort de sa piété. Ses frères, qui ne cessaient de l'entourer, reçurent, baignés de larmes, ses dernières exhortations, ses derniers conseils et sa bénédiction. Il eut le privilége glorieux de rendre son âme à Dieu le vendredi saint, le jour même où notre Sauveur Jésus-Christ est mort sur la croix pour le salut du genre humain.

Je ne tirerai point de cette histoire de légitimes allusions pour les dignes successeurs du bienheureux Lasalle, car l'humilité fait partie de leur saint héritage; mais je prierai ceux qui m'écoutent de réfléchir sérieusement au prix de quels sacrifices l'instruction qu'on distribue à leurs enfants a été achetée en vue de Jésus-Christ. On dit trop souvent que l'Église est l'ennemie de l'instruction répandue dans le peuple. Hélas! cela est une calomnie non-seulement de nos jours, mais de tout temps. Lorsque

Jésus-Christ est venu instituer l'Église sur la terre, il a trouvé le monde entier plongé par le paganisme dans l'abrutissement et dans la servitude. L'Église a détruit la servitude et proclamé la fraternité parmi les hommes. Après leur délivrance elle s'est occupée de leur éducation. Elle a lutté contre la barbarie, après avoir lutté contre la corruption : au moyen âge, ses ennemis les plus acharnés ne le contestent pas, elle a sauvé la science et la civilisation en Europe. Aujourd'hui elle lutte encore. Est-ce pour retirer ses bienfaits, est-ce pour renier des œuvres qui ont déjà dix-huit siècles de durée? Hélas! non. L'Église ne demande à l'homme qu'une chose qui devrait lui être bien facile et bien douce, c'est de n'être pas ingrat. Que ce qui vient de Dieu retourne à Dieu; que la langue qu'elle vous apprend à connaître ne se tourne pas au blasphème; que l'instruction, qu'elle répand et propage parmi vous, contribue à vous rendre plus habile dans votre profession, plus entendu dans l'économie de votre ménage, plus studieux, et, par conséquent, moins dissipateur; qu'elle assure à votre vieillesse de nobles loisirs, à vos infirmités de pieuses consolations. Voilà ce que l'Église veut, voilà ce qu'elle fait en vous donnant l'instruction. Et quelle condition y met-elle? C'est que, dans la même proportion où la science vous sert à améliorer votre état dans le monde, elle vous serve aussi à connaître mieux votre Dieu et à l'honorer davantage.

NOTICE

SUR

LA MARQUISE DE PASTORET

CRÉATRICE DE L'ŒUVRE DES HOPITAUX

On parle souvent des compensations
morales qui rétablissent l'équilibre entre le
riche et le pauvre; il en existe une particulièrement frappante : c'est que le pauvre,
pour mériter sa récompense, n'a qu'à faire
une acceptation courageuse et volontaire
de sa condition, tandis que le riche a besoin de sortir de la sienne pour chercher
la voie du salut. Le pauvre, avec un signe
de croix et un acte d'amour de Dieu,
sanctifie toute une journée de travail; cela
ne suffit pas pour sanctifier une journée de

loisir. Les douze heures du pauvre s'écoulent dans la régularité monotone d'une fatigue rigoureusement imposée ; les douze heures du riche appellent à leur aide les exigences de l'esprit et les caprices de l'imagination ; et c'est alors qu'il devient difficile de demeurer dans la vérité, dans la justice, dans le christianisme, de faire une part équitable à son rang, à sa famille, à sa carrière, sans trop accorder à l'égoïsme ou à l'ambition.

Ce problème est un de ceux qui m'ont toujours paru le plus effrayants dans les fortunes qu'on appelle heureuses, et ce n'est pas trop pour se fortifier et s'instruire que d'étudier ceux qui ont eu le bonheur de le résoudre. Cette solution, je ne le déguise pas, je l'ai cherchée dans la vie de Mme la marquise de Pastoret, et c'est la certitude de l'avoir rencontrée qui m'encourage dans la tâche ingrate de parler incomplétement de ce qui fut complétement bien et beau.

Adélaïde-Anne-Louise Piscatory, marquise de Pastoret, naquit à Marseille, en 1765, sous les yeux d'une aïeule, Mme de Rouillé, qui présida jusqu'à l'âge de 99 ans aux destinées intérieures de sa famille. Elle avait connu Mme de Maintenon, et en avait été distinguée, quoique protestante. Elle avait marié sa fille à M. Piscatory de Vaufreland, d'une ancienne famille de Provence, dont un membre, Fabien Piscatory, avait été conseiller du roi Louis XII. Mme de Rouillé avait retenu longtemps sa fille dans une terre du Berri qu'elle affectionnait, Châteaurouge ; c'est là qu'Adélaïde Piscatory reçut les premières impressions de l'enfance et la première direction de l'âme. Elle avait vingt-deux ans lorsqu'on lui fit quitter la vie méditative de la campagne, et qu'elle parut à Paris, pour la première fois, dans le courant de l'année 1787.

Son éducation n'avait subi aucun dommage de cette solitude. Le précepteur de ses frères, M. Fauveau, homme instruit et d'idées saines, avait rempli presque à lui seul tous les vides dont pouvait souffrir son élève; il avait contre-balancé par la sagesse de ses leçons l'invasion des idées voltairiennes qui pénétrèrent dans la famille à la mort de Mme de Rouillé; l'heureux naturel de la jeune fille avait fait le reste. Elle avait tourné à profit les épreuves de l'isolement; elle sut tirer le même parti de celles du monde. Devenue orpheline, Adélaïde Piscatory reçut chez un oncle, M. de l'Étang, la plus affectueuse hospitalité. M. de l'Étang avait bâti sur la place Louis XV un magnifique hôtel que possède encore aujourd'hui la famille de Pastoret, et qui fait partie du groupe de bâtiments servant de pendant au ministère de la marine.

M. de l'Étang n'avait pas d'enfants; sa nièce devait participer à son héritage. Elle avait tous les attraits de la jeunesse et d'une éclatante beauté; elle se trouvait naturellement liée avec les jeunes personnes ou les jeunes femmes que l'on pouvait appeler à la mode, telles que Mlle Necker, Mlle Cabarus, Mme de Condorcet; elle ne pouvait tarder à se marier que par la ferme résolution de mûrement choisir; et, deux ans après son arrivée à Paris, ce choix était fixé sur un de ses compatriotes de Provence, M. de Pastoret, alors maître des requêtes. M. de Pastoret, plus âgé de neuf ans que celle à laquelle il allait s'unir, un peu moins bien doué du côté de la richesse, lui apportait en retour toutes les convenances de nom, de cœur et de principes. Fier à juste titre des services de sa famille dans le xiiie siècle, sous l'orageuse minorité de Charles VI, il apercevait de nouveaux orages à l'horizon de la vieille monarchie, et il s'était préparé à un rôle important. L'amitié de Buffon, de Turgot, de Malesherbes, diverses couronnes remportées à l'Académie des inscriptions et belles-lettres dont il fut membre à vingt-huit ans, des travaux considérables de législation, annonçaient déjà à la politique et à la science un homme éminent. Ces garanties assuraient aussi à Mlle Piscatory une union qui ne la détournerait d'aucun devoir, qui ne la gênerait dans l'exercice d'aucune vertu, et qui ne se mêlerait, au contraire, aux uns et aux autres que pour y apporter un accroissement de zèle et d'expérience. Ces préliminaires souriants ne devaient pas être de longue durée. A peine le mariage projeté fut-il annoncé aux amis des deux familles, que Mlle Piscatory fut atteinte d'une maladie tellement grave, qu'on lui administra les derniers sacrements. Avant d'entrer dans la plénitude et dans l'indépendance de la vie, Dieu avait voulu lui faire voir les approches de la mort, et marquer d'un sceau particulier de gravité son entrée dans le monde comme sa naissance. Cette maladie cruelle, suivie d'une lente convalescence, avait fait ajourner la bénédiction nuptiale au 14 juillet 1789. Le mariage devait se célébrer avec une grande pompe à Saint-Germain-l'Auxerrois; mais la veille, M. de Pastoret, visiblement troublé par les plus tristes préoccupations, vint annoncer à sa jeune fiancée que le lendemain pouvait être marqué par les plus tristes événements, et que le prêtre les attendait au pied de l'autel à six heures du matin. C'est à cette heure, en effet, et avec l'assistance d'un fort petit nombre de témoins, que fut consacrée leur union. A peine le soleil avait-il éclairé cette journée, que l'assaut de la Bastille commença, et que Mme de Pastoret éprouvait les premières angoisses que devaient lui coûter nos sanglantes commotions.

Mêlé aux divers événements dont le souvenir n'est effacé pour personne, lié avec les royalistes les plus près de la Révolution et avec les révolutionnaires les plus attachés à la monarchie, plaçant dans d'inévitables réformes la stabilité du trône et la prospérité du pays, M. de Pastoret fut investi de la confiance de ses concitoyens dès les premières opérations électorales. Les procureurs généraux syndics à la nomination du peuple avaient remplacé les intendants à la nomination du roi. M. de Pastoret fut élu président des électeurs de son district, et nommé par eux procureur général syndic, en même temps que le duc de la Rochefoucault était élu président du département, et Bailly maire de Paris. Louis XVI l'appela bientôt au ministère de la justice. M. de Pastoret jugeait alors que le moment des concessions était passé : Louis XVI ne voulait accepter aucune mesure de rigueur. La reine se joignit vainement au ministre d'un jour : M. de Pastoret remit sa démission entre les mains du roi, et se retira avec un redoublement de respect; Louis XVI l'accepta sans lui retirer sa confiance. A partir du 20 juin, M. de Pastoret et ses amis Vaublanc et Quatremère de Quincy, ne pouvant plus maîtriser la violence des esprits, s'unirent dans une commune protestation, et cessèrent de paraître à l'Assemblée. Le signal de leur retour fut le canon du 10 août.

M. de Pastoret logeait avec sa femme dans l'hôtel que nous avons déjà désigné, et rien de ce qui se passait autour des Tuileries ne pouvait leur échapper. Mme de Pastoret et lui avaient suivi avec la dernière anxiété les mouvements populaires de cette fatale journée; ils avaient vu grossir d'heure en heure le flot tumultueux qui, après avoir envahi les appartements du château, débordait dans le jardin royal, sur la place Louis XV, et enveloppait la salle des Feuillants. La décharge des Suisses se fait entendre; puis un lugubre silence lui succède, et l'on annonce que le roi, enfermé dans une tribune de journaliste, est

à la merci de l'Assemblée. M. et Mme de
Pastoret touchaient alors à l'une de ces
heures à la fois redoutables et bénies où le
cri de la conscience est si impérieux qu'il
ne reste qu'à l'écouter et à mourir. L'homme
public devait courir à son poste; sa femme
ne devait point l'en détourner. Mme de Pastoret, qui avait déjà pris l'habitude de
faire mieux que son devoir, ne se contenta
pas d'une muette douleur et d'une passive
résignation : avec ce mélange de douceur
résolue et d'énergie sereine qui devenaient
de plus en plus le mérite et le charme distinctif de son caractère, elle prit le bras de
son mari, qu'un domestique refusait d'accompagner, et, se flattant sans doute de lui
servir de rempart, elle traversa cette haie
de piques sanglantes, cette horde d'hommes
et de femmes vociférant le blasphème et
l'insulte; elle conduisit M. de Pastoret jusqu'à la porte même de la salle, et, lorsqu'elle s'en vit séparée, laissa échapper

quelques larmes, non sur son péril, mais sur son impuissance.

M. de Pastoret, dans une lettre qui fut interceptée à son insu par un ami qu'on pouvait désirer mieux inspiré, avait demandé à défendre Louis XVI devant la Convention, et il ne cachait point son horreur pour cette épouvantable procédure. Il n'en fallut pas davantage pour mettre sa propre tête en cause. Un arrêté de la Commune proclama « que l'arrestation de ce traître importait au salut public. » Il quitta d'abord Paris, puis la France, et alla enfin errer sur les frontières de Savoie. Sa femme, devenue mère, n'avait pu le suivre immédiatement dans l'exil, et, avant qu'elle pût songer à le rejoindre, elle se vit arrêter elle-même, ainsi que son oncle, M. de l'Étang.

On entrait en pleine Terreur; les prisons regorgeaient de prisonniers; nulle place ne se trouvait vide pour recevoir les nouveaux détenus, et l'on fut obligé de recou-

rir à un expédient de•persécution qui sauva
dans ce moment un certain nombre de vic-
times. On donna à quelques personnes leur
propre maison pour geôle, et M. de l'Étang
fut incarcéré dans son hôtel, sous la garde
de quatre municipaux à la solde de six
livres par jour en assignats, aux frais du
prisonnier. M. de l'Étang passa les premiers
jours de réclusion à étudier la physionomie de ses gardiens; puis, prenant à part
celui dont il avait lieu d'attendre le plus de
sympathie, il lui dit : « Voici en argent les
six livres que je vous dois et les six livres
de vos compagnons. N'essayez pas de deviner comment je me procurerai cette somme,
car vous n'en viendriez pas à bout sans en
tarir la source. Comptez seulement que
chaque jour vous serez ainsi fidèlement
payé en belle monnaie, et arrangez-vous
comme vous l'entendrez pour que je ne
sois point enlevé à votre garde, ni conduit
aux prisons publiques. » Soit cupidité, soit

compassion, le marché fut conclu et fidèlement exécuté. La réclusion se prolongea
longtemps, mais toujours au même lieu et
aux mêmes conditions.

Quelles conditions cependant! Ce quartier était celui où venaient aboutir les scènes
les plus violentes de cette époque. Les cris
de mort et l'émeute y troublaient presque
toutes les nuits. Chaque fois que Mme de
Pastoret cherchait, à travers sa fenêtre, une
distraction à sa peine, à son inquiétude
et à la mélancolie des sombres journées
d'hiver, elle apercevait quelque symptôme
nouveau d'effervescence, quelque menace
pour elle ou pour ceux qu'elle aimait. Un
matin, elle poussa un cri d'effroi et recula
d'horreur jusque dans les bras de son oncle :
elle venait d'apercevoir la guillotine, et
c'était le 21 janvier!!!

Pendant une année pleine d'angoisses et
de larmes, Mme de Pastoret n'osa pas jeter
un seul regard sur cette place inondée de

sang. C'était au dedans d'elle-même, c'était au fond de son âme que Dieu voulait qu'elle tournât et recueillît ses pensées. Qui s'étonnera, au premier jour de la liberté rendue, au premier pas sur ce pavé terrible, de la voir diriger sa course vers l'hôpital, vers la prison, vers l'église, vers tous ceux qui souffrent et vers Celui qui console !

Aux premiers signes de réorganisation sociale, Mme de Pastoret avait repris son rang, et M. de Pastoret, rentré en France à la fin de 1795, était nommé l'année suivante député de Paris et du Var au conseil des Cinq-Cents. A peine avait-on passé du Directoire au Consulat qu'une société pieuse, appelée la Société de charité maternelle, fondée en 1788 par Marie-Antoinette, sortait de dessous les décombres comme la religion, mère de la charité. On n'eut pas besoin d'adresser un appel à Mme de Pastoret. Cette institution n'était qu'un moyen de régulariser et d'étendre les élans de sa générosité personnelle, et elle y entra, pour ainsi dire, comme une seconde fondatrice. Mme de Fougeret, qui avait créé l'œuvre sous les auspices de la reine, reconnut dans Mme de Pastoret une auxiliaire selon les besoins de cette époque, et ils étaient immenses. En même temps qu'elle reprenait la présidence du conseil de cette œuvre, elle désigna sa nouvelle amie comme secrétaire.

Bonaparte avait déjà fait sentir assez puissamment sa présence pour que la société eût repris quelques-unes de ses anciennes habitudes; et la sécurité, jouissance si nouvellement rendue qu'elle semblait tenir lieu de beaucoup d'autres, jetait sur les douleurs du passé quelques reflets de meilleur avenir. Mme de Pastoret avait retrouvé dans Mlle Necker, devenue Mme de Staël, une relation pleine de charmes, et Mme Cotin, dans tout l'éclat de sa réputation naissante, professait pour Mme de

Pastoret une amitié surpassée par l'admiration.

Mme de Pastoret entrait dans sa trentième année ; elle atteignait déjà tous les mérites de sa maturité, sans avoir rien perdu des grâces de sa jeunesse. Le mélange de la séduction et de la dignité se traduisait dans sa démarche, dans sa physionomie, en traits si puissants, que nous ne pouvons en omettre ici un frappant témoignage.

Au 18 fructidor, M. de Pastoret avait encore attiré la proscription sur sa tête. Il fallait fuir sans perdre un instant, ou subir la déportation. M. de Pastoret avait déjà trouvé un asile en Savoie, il voulut obtenir de nouveau un passe-port pour ce pays. Le comte de Balbo, ambassadeur de Sardaigne, occupait un hôtel contigu à celui de M. de l'Étang. Mme de Pastoret, déjà mère, allait le devenir pour la seconde fois ; elle se présente chez l'ambassadeur, se nomme sans hésitation, et lui demande

un passe-port pour son mari. Le comte de
Balbo, ouvrant un portefeuille, lui montre
des instructions de son gouvernement qui
lui interdisent positivement de se prêter à
aucune tentative d'évasion. Mme de Pastoret
lui remet la dépêche sans la lire : « Je
savais cela, monsieur le comte ; c'est pour
cela que je suis venue vous trouver ; et vous
ne me laisserez point sortir d'ici sans emporter le salut de mon mari. » A ce simple
langage, animé d'un accent et d'un regard
pénétrants, le comte de Balbo se leva,
signa un passe-port, et le remit à Mme de
Pastoret en lui baisant la main avec émotion. M. de Pastoret arriva en sûreté dans
son asile, et, la crise passée, vint reprendre
à Paris, pour toute fonction, une place dans
le conseil général des hôpitaux, où il entrait avec le duc Matthieu de Montmorency,
Chaptal et M. de Préameneuc. Ce n'est
qu'en 1809, et après une double présen-
tation, qu'il fut nommé sénateur.

L'œuvre à laquelle Mme de Pastoret avait consacré le premier usage de ses forces rendues à leur libre arbitre, porte en tête de son règlement :

ARTICLE 1er.

« La Société de charité maternelle a pour objet
« d'assister les pauvres femmes en couches, de
« les encourager à nourrir elles-mêmes leurs en-
« fants, et d'empêcher ainsi l'exposition d'en-
« fants légitimes à l'hôpital des Enfants-Trouvés.

« La Société de charité maternelle a été formée
« par des femmes, parce que ce sont elles que la
« Providence a plus particulièrement appelées au
« secours de l'enfance et des mères indigentes.

« La Société étend ses secours aux enfants nés
« de parents appartenant aux divers cultes.

ARTICLE 18.

« La quotité de la part accordée à chaque en-
« fant adopté est réglée d'après la recette de l'an-
« née écoulée ; l'expérience a démontré qu'un
« secours trop faible ne remplit pas le but de la
« Société, de même que des parts trop fortes,
« qui borneraient à un très-petit nombre de fa-
« milles les bienfaits de l'institution, seraient con-

« traires à l'esprit de justice et de charité qui la
« soutient et la conserve.

ARTICLE 19.

« Chaque part se compose, d'après les dispo-
« sitions qu'adopte le comité, d'une layette, de
« frais de couches et d'un petit secours pour l'ha-
« billement de l'enfant, enfin d'un secours men-
« suel en argent pendant l'allaitement.

ARTICLE 30.

« Le caractère distinctif de la Société maternelle
« ressort principalement des rapports qu'elle éta-
« blit entre les mères de famille pauvres et les
« dames charitables qui veillent à leurs besoins,
« les consolent et cherchent à les rendre meil-
« leures par leurs avis répétés. Pour remplir ce
« but, il est nécessaire qu'aucune dame ne puisse
« en aucun cas se faire remplacer dans ses fonc-
« tions, si ce n'est par une des dames du comité
« qui signera ses rapports, ou par les sœurs de
« Charité de son arrondissement. »

Ces dernières clauses, conditions indispensables de la charité, qui ne se doit
point faire par procuration, n'étaient pas
de celles auxquelles Mme de Pastoret dût

songer à se soustraire. C'est, au contraire, en accomplissant ses devoirs en ce genre qu'elle en comprit mieux la portée et qu'elle en vit grandir l'horizon. Le coin de terre qu'habite le pauvre est un pays plein de mystères et de beautés, qu'il ne faut pas seulement connaître par la géographie, et dont on ne pénètre les profondeurs qu'en l'explorant soi-même à pied.

Mme de Pastoret, qui, selon une expression de son mari, aimait à bien faire le bien qu'elle faisait, ne dévouait pas les minutes, mais les heures aux moindres missions charitables qui lui étaient confiées. Quoique vivant de la vie élégante et agitée du monde, elle voulait faire plus que ceux qui se contentent de prendre une institution sous le patronage de leur nom, et qui, après un rapide examen deux ou trois fois renouvelé dans le cours d'une année, croient pouvoir affirmer que tout est parfaitement en ordre, et que leur présence suffit à enfanter les miracles du dévouement ou de l'économie. Mme de Pastoret comptait moins sur sa fortune ou sur sa position que sur le constant exercice de son jugement. Elle recherchait avec déférence la conversation des hommes qui avaient traité avant elle les questions charitables; elle comparait les institutions anciennes et les idées modernes, et se tenait en garde contre l'esprit de système autant que contre l'ostentation ou la précipitation. Du reste, nous allons maintenant juger sa méthode par les fruits.

Un jour que Mme de Pastoret gravissait l'escalier d'un cinquième étage pour porter des secours dans la mansarde d'une pauvre femme en couches, elle fut frappée des cris de détresse qui partaient d'une chambre voisine de celle qu'elle allait visiter. C'était un enfant en bas âge dont le cri déchirant et continu annonçait qu'aucun effort n'était tenté pour son apaisement. Mme de Pastoret frappe à la porte : point de réponse. Elle

redouble d'efforts pour ouvrir ou se faire
entendre : rien! que le gémissement de la
pauvre petite créature! Mme de Pastoret
entre alors chez la femme qui l'attendait,
et, pour la première fois peut-être, dis-
traite en face de la douleur présente, elle
interroge d'abord la pauvre malade sur la
misère d'autrui. — Ne vous étonnez pas de
si peu, Madame, répond son interlocutrice :
c'est, hélas! notre sort commun quand nous
avons mis des enfants au monde. Faut-il
abandonner notre état? alors qui nourrira
nous et notre famille? Faut-il travailler à
domicile? qui nous confiera de l'ouvrage?
Sommes-nous logées de façon à recevoir
des métiers? Travaillerons-nous assez, dis-
traites sans cesse par le soin de nos enfants
et peut-être même par leurs caresses? —
Vous avez donc l'habitude, reprit Mme de
Pastoret émue, de laisser vos enfants à eux-
mêmes durant toute une journée? — Oh!
pas absolument, Madame; souvent nous les

confions à des voisines ou bien à des enfants un peu plus âgés; mais la voisine peut se trouver malade, comme cela m'arrive en ce moment; quelquefois aussi les enfants aînés sont plutôt une occasion d'accident par leur turbulence qu'une sauvegarde pour les petits frères et sœurs qu'on leur donne à surveiller. — Mme de Pastoret n'eut pas besoin d'en entendre davantage. Elle se leva, remit à la pauvre femme le secours qui lui était destiné et sortit. Un ordre d'inquiétudes et de souffrances auxquelles elle n'avait jamais songé venait de lui être révélé.

Mme de Pastoret descendit précipitamment dans la rue, se fit indiquer la boutique d'un serrurier, remonta au cinquième étage, expliquant au brave artisan le service qu'elle attendait de lui, se fit ouvrir la porte de la mansarde, et se trouva en face d'une petite fille de cinq ans blottie d'un air effrayé au fond de la chambre, et d'un enfant

de deux ans qui s'agitait convulsivement à
ses pieds. Rassurer le plus âgé de ces deux
enfants et en obtenir doucement l'aveu de
ce qui n'était désormais que trop facile à
deviner, fut pour la charitable visiteuse
l'affaire d'un instant. La petite fille de cinq
ans avait laissé se hisser sur une commode
la petite sœur remise à sa garde, et l'enfant, retombée de cette hauteur, s'était
cassé le bras. Ils étaient enfermés, car la
pauvre mère n'avait songé qu'à prévenir
les accidents de l'escalier ou de la rue, et
la jeune gardienne, épouvantée des reproches qu'elle redoutait autant au moins
que de l'accident, dont elle ne comprenait
guère la gravité, n'avait trouvé rien de
mieux que de se tenir silencieuse dans un
coin, tandis que Mme de Pastoret avait la
première fois essayé de lui venir en aide.
Heureux hasard, ou plutôt admirable Providence, qui avait voulu placer cet aver-
tissement sur les pas d'une personne si

digne de l'entendre! A partir de ce jour, la salle d'asile était créée.

Nous nous trompons cependant : cette institution, qui ne pouvait tarder à naître à une époque où la classe ouvrière voyait en même temps diminuer ses garanties et augmenter ses fatigues, cette institution avait encore un singulier noviciat à parcourir.

Rentrée chez elle, Mme de Pastoret n'hésita point dans la mise à l'œuvre des pensées qui étaient venues l'assaillir, et elle réalisa immédiatement ce que sa fortune lui permettait de tenter. Une maison fut louée près de Saint-Philippe du Roule, à l'angle de la rue Verte, et douze enfants du quartier y furent reçus, sous la surveillance d'une sœur de Charité nommée sœur Françoise, qui demeura trente ans à la tête de cette petite famille, et contribua puissamment à lui donner l'essor. Mais cet essai, renfermé dans les limites de l'humble dis-

crétion inhérente à de telles entreprises,
n'attira que quelques bénédictions humbles,
discrètes aussi. Il fallut, ce qui trop souvent a été nécessaire en France, il fallut
que l'idée mère, l'idée française nous re-
vînt avec un nom et un costume étrangers
pour être accueillie, étudiée par nous, et
l'on prit la peine de naturaliser comme une
importation anglaise ce qui était né sous
nos yeux.

Dès que la paix d'Amiens eut ouvert le
continent aux relations amicales des peuples
entre eux, les étrangers s'étaient mêlés en
foule aux hommes distingués qui formaient
déjà le cercle de M. et de Mme de Pastoret.
Richard Edgeworth, économiste distingué,
et sa fille, Maria Edgeworth, furent de ce
nombre. Bientôt la jeune Anglaise fut ad-
mise à l'hospitalité de Fleury, maison de
campagne près de Meudon, où Mme de Pastoret passait alors, et passa depuis, presque
sans interruption, les saisons d'été et d'au-

tomne. Ce que miss Edgeworth y découvrit de qualités et de vertus lui parut au-dessus d'un fugitif souvenir ou d'une vulgaire reconnaissance. Elle voulut consacrer à l'un et à l'autre un durable monument. Elle prit Mme de Pastoret pour l'héroïne de l'un de ses romans, lui prêta le nom de Mme de Fleury, et publia sous ce titre un petit volume dans lequel se trouvent racontées les circonstances qui motivèrent et accompagnèrent la fondation de la salle d'asile. Malheureusement la littérature de cette époque n'était point encore dégagée de l'habitude des fictions convenues. C'était le moment où Mme Cottin déguisait sous le visage emprunté d'Élisabeth les traits si simples et si purs de Prascovie, qui nous ont été rendus par le comte Xavier de Maistre. Miss Edgeworth nous priva à son tour d'un trésor que personne ne pourra désormais nous restituer, en surchargeant Mme de Fleury de sentiments et d'aventures

imaginaires, au lieu de nous confier naïve-
vement les épanchements et les émotions
d'une si rare intimité. Quoi qu'il en soit,
et une fois averti, on retrouve encore dans
Mme de Fleury plusieurs indications précieuses et un reflet de réalité que la distance
n'a point fait évanouir. Ce récit et les tableaux qui l'accompagnent eurent un grand
succès en Angleterre. Les philanthropes
s'en emparèrent, et c'est alors que cette
pensée charitable, semblable à tant d'autres
pensées du cœur de l'homme, revint à son
point de départ, après un regrettable dé-
tour et une longue perte de temps.

Ces nouveaux soins n'empêchaient point
Mme de Pastoret de se livrer avec une assi-
duité croissante à son penchant dominant.
Les dames de charité avaient été réorgani-
sées par sa paroisse, et de cette réorganisation naquit bientôt l'œuvre de la Visite des
hôpitaux. Mme de Pastoret y apporta son
zèle infatigable et son expérience déjà con-

sommée. Elle travaillait aussi sans relâche au développement de l'œuvre de la Charité maternelle, Mme de Fougeret, Mme Grivel et quelques autres de leurs compagnes avaient essayé d'y intéresser Mme Bonaparte. Joséphine leur témoigna une vive, mais stérile bienveillance. Le moment n'était pas encore venu pour le pouvoir de patronner officiellement une création de Marie-Antoinette. Cependant l'empereur se souvint plus tard de ces premières tentatives. En 1810, il voulut que l'impératrice Marie-Louise prît le titre de présidente. Un décret de 1811 mit une somme considérable à la disposition des trésoriers. Mme de Pastoret fut nommée vice-présidente. Le cardinal Fesch, Cambacérès reçurent des titres pompeux dans l'œuvre, et prirent part à plusieurs de ses séances. Un jour même Napoléon fit venir ces dames à Saint-Cloud, et voulut leur imposer un uniforme. Quelques objections firent ajourner cette idée, em-

portée dans le tourbillon des derniers jours
de l'empire. Cependant, même à ces heures
suprêmes, Napoléon conserva le souvenir
de ses courtes relations avec Mme de Pastoret. Au moment où Paris était plongé dans
une morne stupeur par les désastres de
Moscou, Mme de Pastoret était plus triste
et plus émue que personne. Son fils aîné
remplissait alors au fond de la Russie-
Blanche les fonctions de gouverneur. Tout
d'un coup, à l'heure de se mettre à table,
on ouvre sa porte, un messager impérial se
présente : « Madame, dit-il, l'empereur est
arrivé aux Tuileries ce matin, il vous fait
dire qu'il a laissé votre fils en excellente
santé. L'empereur a voulu être le premier
à vous rassurer. »

Le second de ses fils lui fut enlevé en
1818 par une fièvre typhoïde, qui déjoua
cruellement tous les soins de l'art et de la
tendresse réunis.

La restauration représente la plus brillante période de la fortune du marquis de Pastoret. Nommé pair de France en 1814, il fut élu cinq fois de suite secrétaire de la chambre, en devint vice-président en 1820, et en 1829 fut nommé chancelier. Sa femme avait reçu depuis plusieurs années et par exception les honneurs du tabouret et du Louvre. Un privilége plus personnel encore lui était réservé : Madame la Dauphine disposait d'une faveur sans prix pour une âme telle que celle de Mme de Pastoret : c'était le témoignage de sa confiance. La fille de Louis XVI passait en prières tous les anniversaires du 21 janvier. Elle ne paraissait à aucune des solennités consacrées à ce jour, mais elle se renfermait dans son oratoire et admettait près d'elle un très-petit nombre de personnes. Mme de Pastoret fut souvent appelée à cette religieuse distinction, et cette noble femme, qui, soit dans la puissance, soit dans la disgrâce, ne parlait qu'avec calme des vicissitudes politiques, maîtrisait à peine son émotion quand elle consentait à parler de ces douloureuses audiences et de tout ce qui s'y rattachait.

Madame la Dauphine accepta avec empressement, dès les premiers jours de la restauration, le titre de présidente de l'œuvre de la Charité maternelle, et confirma celui de vice-présidente à Mme de Pastoret. Le procès-verbal du 9 janvier 1815 constate le versement d'une somme de 5,000 fr. pour contribution des quatre premiers mois de l'année, remis, de la part de S. A. R. Madame, par Mme la marquise de Pastoret, à M. Grivel, trésorier. Le 20 février de la même année la même main apportait une lettre du ministre de l'intérieur et le douzième de la somme de 40,000 francs pour laquelle le ministre s'engageait annuellement. Il suffirait d'ouvrir les registres des œuvres de cette époque pour y suivre, par la progression des dons faits ou obtenus, les progrès du crédit de M. et de Mme de Pastoret.

On trouve aussi dans ces registres ce que Mᵐᵉ de Pastoret n'y a déposé qu'à son insu, c'est-à-dire son portrait écrit par elle-même quand elle croyait seulement faire celui de ses coopératrices. L'œuvre de la Maternité fit, durant les quinze années de sa vice-présidence, deux pertes particulièrement cruelles, celle de Mᵐᵉ Carré et celle de Mᵐᵉ la duchesse de Damas. On juge sûrement quelqu'un en suivant ses jugements sur autrui, et il est curieux de surprendre les inclinations mêmes par la préférence envers les objets qu'on loue et par la délicatesse de la louange. C'est à ce titre que nous reproduisons ici dans leur intégrité deux pages enfermées sous l'humble couverture d'un registre de charité.

« 9 octobre 1826.

« Nous venons de perdre l'un de nos plus
« précieux exemples, l'une de nos dames
« les plus capables de concilier à notre

« Société la confiance et la bienveillance
« publiques. Mme Carré, lorsqu'elle voulut
« bien se réunir à nous, il y a déjà beau-
« coup d'années, nous apportait une longue
« expérience dans l'art de faire le bien, un
« zèle plein de discernement et de lumières
« joints à une exactitude, je dirais presque
« scrupuleuse. Quoiqu'elle eût pu donner
« bien des leçons dans la science de la cha-
« rité, Mme Carré soumettait jusqu'à la
« bonté de son cœur, jusqu'à sa pitié même
« au sentiment si modeste d'elle-même qui
« la distinguait particulièrement. La vie
« de Mme Carré s'est passée, je devrais dire
« s'est épuisée à faire le bien. Je n'essaierai
« pas de dire combien elle était chérie de
« sa famille, et je respecterai des douleurs
« trop profondes pour être mesurées; mais
« je crois pouvoir assurer que nous nous
« rappellerons souvent notre aimable et
« pieuse collègue, que dans le secret de
« nos pensées nous nous la proposerons

« pour modèle, et que nous espèrerons en-
« semble que du ciel, où elle a dû trouver
« le prix de ses efforts, elle jette encore sur
« nous, sur notre œuvre et sur nos pauvres,
« des regards d'encouragement et de bien-
« veillance. »

Après avoir si bien peint la modestie,
Mme de Pastoret trouva, l'année suivante,
d'autres secrets à nous apprendre au sujet
de Mme de Damas.

« Mars 1827.

« Le désir unanimement témoigné par le
« comité de la Société maternelle pouvait
« seul me donner la force d'entreprendre
« cette tâche difficile ; difficile surtout pour
« moi qui, depuis quarante ans, honorée
« de son amitié, ai pu connaître toute la
« noblesse de son âme, toute l'élévation
« de son caractère et l'inexprimable bonté
« de son cœur. J'oserai le dire ici, Mme de

« Damas n'avait pas encore trouvé, dans
« ses fonctions de présidente du comité,
« l'occasion de faire connaître toutes ses
« qualités. Nous la voyions parmi nous,
« toujours exacte à remplir les devoirs de
« dame administrante, rendre un fidèle
« compte des misères dont elle avait été té-
« moin ; mais elle ne nous disait point jus-
« qu'où se portaient les consolations qu'elle
« savait leur prodiguer. Mme de Damas
« écoutait les longs récits des pauvres,
« pleurait avec eux, s'occupait de leurs ver-
« tus, de leurs sentiments intimes ; après les
« avoir comblés de bienfaits, elle songeait à
« eux pour chercher si elle ne pouvait pas y
« ajouter encore. Tout ce qui l'a bien connue
« se réunit à dire que, malgré la variété de
« ses connaissances, l'éclat et la juste célé-
« brité de son esprit, la véritable supériorité
« de Mme de Damas était dans son cœur. Que
« ces dames me pardonnent d'avoir tardé,
« d'avoir hésité même à leur parler d'une

« personne dont le souvenir trop profond me
« laisse peu de moyens d'en parler avec
« calme. Vous avez, Mesdames, honoré
« Mme de Damas; vos cœurs avaient su de-
« viner une partie du sien; mais, si la Pro-
« vidence l'eût conservée plus longtemps
« parmi nous, vous l'auriez bien davan-
« tage encore appréciée et aimée, et vous
« auriez trouvé Mme de Damas presque
« simple dans l'expression des sentiments
« qu'elle éprouvait réellement avec plus de
« profondeur et d'énergie que tout autre.
« J'ose vous demander de me croire, Mes-
« dames, j'ai trop aimé et trop respecté
« Mme de Damas pour altérer la vérité sur
« elle, et, d'ailleurs, la vérité seule peut
« l'honorer comme elle a mérité de l'être. »

Quelle admirable parole que celle-ci : j'ai
trop aimé Mme de Damas pour altérer la
vérité sur elle ! Quelle profonde corrélation !
Quelle juste mesure, en effet, de toutes

les véritables affections que de considérer
comme une sérieuse infidélité la moindre in-
fraction à la sincérité du langage ! Veut-on savoir aussi comment Mme de Pastoret avait
le droit de parler de l'intimité avec les pauvres? en voici la justification prise entre dix
autres que les plus respectables témoignages
nous attestent. Une des femmes les plus
versées aujourd'hui dans les œuvres de Paris était chargée par les sœurs de sa paroisse
de visiter une de leurs protégées à l'Hôtel-
Dieu. Une dame l'avait devancée dans la
longue file du dortoir, et, assise près d'un lit,
remuait doucement un berceau. Les deux vi-
siteuses s'apercevaient de loin, mais à trop
longue distance pour se reconnaître. Cependant Adèle P... était frappée de la con-
stance de l'inconnue à bercer l'enfant, à
causer avec la malade et de cette dextérité
de soins qui trahit la longue habitude. Enfin, à force d'épier les mouvements de cette
petite scène, elle s'imagina reconnaître

Mme de Pastoret, et interrogea la sœur de service. — Assurément oui, c'est Mme la marquise, répondit la sœur ; la malade que vous voyez là-bas a le col du fémur cassé ; les médecins lui ont défendu de suspendre la nourriture de son enfant pour éviter la fièvre, et lui interdisent tout mouvement pour ne point déranger le pansement ; il faut donc quelqu'un qui veille sans cesse auprès d'elle, tantôt pour endormir le petit nourrisson, tantôt pour le présenter au sein. Mme de Pastoret, ayant remarqué que la pauvre femme était forcément négligée à certaines heures, choisit ce moment pour la visiter ; tous les jours elle vient s'asseoir où vous la voyez là, et y remplit son office de berceuse.

Qu'on ne croie pas non plus que la charité se produise seulement par la compassion envers les misères qu'on nomme, à juste titre, criantes. Tout ce qui participe de la bonté, c'est-à-dire la bienveillance, l'aménité du caractère, appartient à son domaine,

et était par conséquent de celui de Mme de
Pastoret. La communauté de bonnes œuvres
amène parmi celles qui s'y sont vouées le
rapprochement de toutes les conditions
sociales. Quelques personnes y entrent avec
susceptibilité, d'autres avec embarras. Il
importe donc grandement de neutraliser
ce reste de nos mauvais instincts du monde
ou d'encourager les bons. C'était encore là
une des sollicitudes de Mme de Pastoret.
Dans les comités, dans les réunions charitables, elle ne se hâtait jamais d'émettre son
avis, elle allait au-devant de toutes ses col-
lègues, prévenait les plus modestes et avait
toujours l'oreille tendue pour les voix ti-
mides. Les femmes, les ecclésiastiques qui
ont partagé avec elle de pieuses collabora-
tions, n'ont qu'un témoignage à cet égard,
et, pour peu que l'on se soit occupé de faire
le bien en commun, on en appréciera la
valeur.

La révolution de 1830 fit rentrer M. et

Mme de Pastoret dans la vie privée. Quand on destitua M. de Pastoret de la place de conseiller des hôpitaux de Paris, il laissa échapper un murmure que ne lui avait point arraché sa retraite volontaire de la chancellerie. Mme de Pastoret se démit de la vice-présidence de la Société maternelle, mais sans se ralentir dans le service de l'œuvre elle-même.

Dans l'œuvre des hôpitaux elle garda la présidence qui lui avait été déférée à la mort de Mme de Damas. La fraîcheur de ses inspirations charitables, si l'on ose s'exprimer ainsi, demeura la même jusqu'à son dernier jour. Jamais les ravages de l'âge ne pénétrèrent, pour ainsi dire, dans cette partie d'elle-même, et la sensibilité, qui s'émousse à force de plaindre et de consoler, ne perdit jamais rien dans Mme de Pastoret de ses premiers élans.

Ceux qui l'ont connue dans ses dernières années l'ont connue tout entière, avec beaucoup de dignité de plus et pas une grâce de moins. C'est ici le lieu sans doute de réparer une omission involontaire qui rendrait cette courte esquisse trop évidemment incomplète.

Le cœur de Mme de Pastoret occupa une si grande place dans toutes ses actions, que je n'ai point assez fait la part de l'élévation et du caractère spécial de son esprit. L'éminence de la bonté implique les autres genres de supériorité; et l'on ne s'étonnera pas de cette assertion qui heurte un des préjugés du monde, si l'on réfléchit à ce qu'il faut de discernement et de délicatesse pour ôter à l'aumône l'humiliation, pour joindre la consolation à l'aumône et l'enseignement à la consolation; combien, en un mot, il faut s'élever au-dessus de toutes les médiocrités pour arriver à la hauteur d'un dévouement. Mme de Pastoret avait conservé dans tous ses traits l'empreinte de leur régularité première ; ses longs cheveux blancs, et ses

vêtements habituellement noirs, et sa taille
haute et mince, sans roideur, donnaient à tout
son extérieur une apparence particulièrement vénérable. Le son de sa voix, d'une
douceur exquise, était en même temps plein
d'autorité, et sa vieillesse avait un sourire
que la jeunesse pouvait envier. Cette can-
deur sereine qui régnait dans toute sa personne, dans sa démarche, dans son geste,
dans son accent, régnait plus encore dans sa
parole. On connaît déjà son amour de la
sincérité, elle le poussait jusqu'au scrupule
dans le choix de toutes ses expressions, ce
qui donnait à sa conversation une précision,
une justesse irréprochables. L'emphase dans
les mots lui était aussi étrangère que l'exa-
gération dans les idées. Miss Edgeworth nous
a conservé sur elle le jugement de Marmon-
tel : elle a le secret, disait-il, de faire paraître
neuves les pensées les plus communes, et
de faire paraître simples les plus élevées.

Ayant franchi deux siècles séparés par un

abîme, elle les représentait l'un et l'autre dans ce qu'ils avaient de meilleur. Elle avait les sensations et l'intelligence actives de notre temps avec les formes et l'attitude du temps passé. Elle aimait beaucoup les arts et les lettres, et se tenait au courant de toute nouveauté, tout en gémissant des excès de l'école moderne. Sa mémoire accordait une place d'honneur à l'abbé Delille, dont elle répétait les vers avec un charme infini. Cependant accessible dans ses jugements comme dans son accueil, elle s'appliquait non-seulement à ne rien méconnaître, mais surtout à ne rien exclure.

Dans un petit billet du matin nous trouvons rapprochés M. de Balzac et Grégoire de Tours, et, par quelques lignes de ce genre de correspondance qui ressemble tant à la causerie, l'on pourra juger avec quelle facilité cette femme déjà plus que septuagénaire parcourait tous les degrés de l'étude et de l'appréciation.

Après avoir rendu compte du *Curé de village* de M. de Balzac, elle écrivait à M. Brifaut.

« Je lis dans ce moment Grégoire de
« Tours, et je suis frappée de l'ascen-
« dant qu'exercent la conviction sincère
« et la simplicité. La légende de Grégoire
« est remplie de miracles; il ne cherche
« point à expliquer les faits qu'il raconte;
« peut-être même se trompe-t-il quelque-
« fois, mais il est toujours convaincu et
« vous fait assister à l'imposant spectacle
« d'une nature barbare qui commence à se
« civiliser tout en tuant ceux qui la civi-
« lisent. Ces commencements de l'histoire
« des sociétés m'ont toujours semblé dignes
« du plus grand intérêt. »

Sa raillerie même avait quelque chose d'in-
génieux, et, sans jamais blesser, rencontrait
le trait durable. A la veille d'une élection
académique, elle écrivait à un membre de
l'Académie :

« Je suis effrayée pour vous et vos con-
« frères de la quantité d'immortels que
« vous allez avoir à fournir à notre admi-
« ration. Ne serait-ce pas le cas d'imiter
« ces galeries de tableaux choisis dans les-
« quelles on met des cadres avec des
« taffetas verts aux places pour lesquelles
« on n'a pas encore de chefs-d'œuvre? »

Mais nous devons la voir surtout au milieu de ses amis, dans cet intérieur de Fleury
où elle se plaisait tant à réunir ses jouissances de prédilection. Elle y avait fait con-
struire une cabane rustique sur le modèle
de la cabane de Châteaurouge qui abrita
son enfance. Elle y était suivie d'un cercle
empressé, qui était encore celui de la place
Louis XV, avec plus de choix et moins de
bruit.

Voici en quels termes on y était invité :

« J'envie Mme de Narbonne qui a pu rester
« près de vous, écrit-elle à M. Brifaut, et
« je suis sûre qu'elle tient beaucoup à son

« office de garde-malade. Mais pourquoi
« n'essaieriez-vous pas de venir à Fleury,
« doucement, sur la terre? ce qui est pos-
« sible en venant par le bois de Boulogne.
« Vous trouveriez une chambre au rez-de-
« chaussée, tout près de la bibliothèque;
« vous iriez vous asseoir au jardin en fai-
« sant deux pas, et enfin vous verriez à
« n'en pouvoir douter tout le plaisir que
« j'aurais à vous posséder. Combien j'aime-
« rais Fleury, si son air pur pouvait vous
« faire du bien et vous rendre la faculté
« d'aller, de venir, de retourner même à
« Paris, mais pour revenir ici ! Voyez,
« Monsieur, et pesez dans votre sagesse si
« vous ne devriez pas prendre cette réso-
« lution désespérée plutôt que de permettre
« au découragement de vous atteindre,
« vous dont le courage est si doux et par
« conséquent si ferme et si réel. Nous ne
« manquerions de rien de tout ce qui est
« bon et commode. Les mauvais notaires

« n'ont pu m'ôter d'ailleurs ce que j'ap-
« précie le plus, la faculté de sentir ce
« qui fait le bonheur ou la consolation de
« la vie. »

Peu de jours après elle redoublait ainsi
ses instances :

« Pourquoi ne vous tenons-nous pas à
« Fleury? Je ne vous demanderais pas de
« vos nouvelles; je les verrais! nous ferions
« de ces bonnes causeries qui font du bien
« et qui laissent toujours d'heureuses tra-
« ces, quoiqu'on semble n'avoir échangé
« que des idées pareilles. Mais c'est que le
« cœur et le fond de l'âme n'ont besoin de
« rien de nouveau, quand ils ont bien ren-
« contré; c'est l'esprit seul qui a de la co-
« quetterie. »

C'est ainsi que Mme de Pastoret voyait
se multiplier les années et touchait au déclin de la vie. Ce déclin était triste, mais il
n'était pas sombre : la nuit qui vient à travers un ciel pur n'a pas la même teinte que

le crépuscule d'un jour orageux ; Dieu place ses nuances même dans les ténèbres.

Mme de Pastoret était douce envers les années comme elle devait l'être envers la mort. Elle avait assisté trop de douleurs, elle en avait trop ressenti elle-même pour se faire illusion sur aucune chose de la terre.

Les revers de fortune ne pouvaient plus la troubler ; cependant nous venons de voir tout à l'heure une allusion à une catastrophe bien connue. Ce malheur fit ressortir une fois de plus sa force d'âme.

Mme la comtesse de Saisseval réunissait chez elle le conseil de l'œuvre des hôpitaux le jour où l'on apprit dans Paris la faillite de M. Lehon. Chaque dame s'entretenait de cet événement ; Mme de Pastoret manquait seule à la réunion. Dès qu'elle parut, on cessa la conversation pour commencer la séance. Mme de Pastoret présenta ses excuses sans s'expliquer sur le motif de son inexactitude, s'occupa immédiatement de l'objet de la réunion et y porta sa présence d'esprit, sa lucidité ordinaires. La séance levée, on revint au premier objet de l'entretien général, et l'on demanda à Mme de Pastoret si elle en savait quelque chose. Mme de Pastoret répondit avec calme qu'elle perdait une partie considérable de sa fortune, et commença aussitôt à défendre M. Lehon contre les accusations qui s'élevaient avec une grande véhémence, et que l'évidence seule plus tard put lui faire admettre. En son nom et en celui de quelques amis qui partageaient sa confiance, elle avait offert la garantie d'un million pour lui ouvrir une voie de salut, et sa générosité dans cette déplorable affaire fut un des derniers et assurément un des plus mémorables exemples qu'elle nous ait laissés.

Un affaiblissement graduel conduisit M. de Pastoret au tombeau. La vie de cet homme de bien s'éteignit pieusement le 28

décembre 1839. Il avait atteint sa quatre-
vingt-troisième année. Mme de Pastoret
n'eut plus d'autre consolation que les soins
de son fils et de sa petite-fille. Cette double
piété filiale voulait en vain lui imposer des
ménagements qui pouvaient prolonger encore une si précieuse existence : Mme de
Pastoret ne cessa pas un instant ses relations
avec ses pieuses coopératrices, tout en prévoyant elle-même qu'elle aurait bientôt
besoin d'être suppléée et voulant parer
d'avance au vide de son absence.

Ce billet adressé à Mlle P..., secrétaire de
l'œuvre des hôpitaux, est un des derniers
que sa main ait tracés.

« Me voici bien embarrassée, Mademoiselle. Ne prévoyant pas le changement des
heures, j'ai pris l'engagement d'être à une
heure, demain, au conseil supérieur des
asiles pour y solliciter des réparations ur-
gentes à notre asile particulier. Il faut que

vous ayez, Mademoiselle, la bonté de m'ex-
cuser auprès de M. l'abbé de Brézé et de
Mme de Saisseval.

« Je crois d'ailleurs que je n'aurais à
répéter qu'une seule chose : c'est que mon
âge et ma santé me rendent presque inutile.
Il faut pour l'amour du bien m'oublier, et
ne pas perdre un concours actif, éclairé et
plein de zèle. Qui mieux que vous, Mademoiselle, sait que, lorsqu'il s'agit du bien
des pauvres, la vanité n'est point à mé-
nager, car elle n'existe même pas?

« Mille grâces pour les comptes si clairs
et si bien faits.

« Vous ne doutez pas, j'espère, de tous les
sentiments que je vous ai voués. »

Au mois de juin 1843, elle se rendit
à Fleury comme à l'ordinaire. Ses forces
avaient visiblement diminué. Au premier
froid de l'automne, elle fut atteinte d'une
fluxion de poitrine, et, en quelques heures,

on reconnut que sa fin était proche. Il fallut lui apprendre cette cruelle vérité; mais on n'eut besoin ni de l'y préparer ni de l'y soumettre. L'une des plus vénérables sœurs de l'Hôtel-Dieu, la mère Saint-Benoît, représentait la charité à ce lit de mort. Le vicaire de Meudon accourut à son appel.

Les sacrements furent administrés à Mme de Pastoret, en présence de sa famille et de sa maison, le 27 septembre, veille de l'anniversaire de la mort de M. de Pastoret. Cette belle vie s'affaissa sans efforts.Ses dernières paroles, ses dernières volontés firent encore l'édification et la consolation de ceux qui l'avaient attachée à la terre. Elle était mûre pour les récompenses du ciel. Saint Vincent de Paul et sainte Chantal lui tendaient les bras.

L'œuvre de la Charité maternelle, par l'organe de Mme Grivel, a consacré à Mme de Pastoret l'expression des plus solennels regrets dans la séance qui suivit immédiatement sa mort. Des services funèbres furent célébrés en son honneur dans diverses paroisses de Paris, à la requête des sœurs de la Charité et des salles d'asile.

FIN

TABLE

—

Tours.—Impr. MAME.